KB253905

기독교를 중심으로

머리말

　최면에 대하여 말하는 사람이 많다. 최근에는 최면 강좌도 많이 생기고 있다. 서구에서는 최면이 대학에서 심리학의 한 분야로 연구되고 있다. 그러나 실제로 최면에 대하여 아는 사람은 너무도 적다.

　그러한 가운데서 최면에 대하여 말하는 대부분의 사람들은 최면을 부정적으로만 말한다. 약한 인간을 파멸시키는 어떤 술수로 보는 사람들도 적지 않다.

　그러나 최면은 긍정적인 면이 많다. 인간의 많은 문제를 잘 해결해주는 긍정적 요소가 많다. 특히 의학 치료 분야에서 그렇다. 그래서 많은 의사들이 최면을 연구하여 치료에 활용하고 많은 성과를 거두고 있다.

　그리고 최면은 원시시대부터 종교와 밀접한 관련을 가지고 발전해 왔다. 원시종교에서부터 최면은 활용되었다. 최면적 치료는 신의 능력으로 간주되었다. 그런데 현대에 와서도 최면은 각 종교에서 큰 위력을 발휘하고 있다. 그것은 기독교에서 더욱 그러하다. 그것은 긍정적인 면도 있고 부정적인 면도 있다. 최면을 악용하여 신적 능력을 행사하는 것처럼 가장하고 이익을 챙기는 사이비 능력자가 늘고 있다.

그런 가운데서 많은 사람들이 특히 대부분의 기독교 지도자들이 최면을 아주 악한 술수로만 보고 경계한다. 자신도 최면에 영향을 받기도 하고 최면적인 방법을 사용하고 있으면서 그 사실을 전혀 모르고 그렇게 한다.

이 책을 쓰는 목적은 이 책을 읽는 분들에게 최면에 대한 바른 지식을 제공하고, 그것에 대한 올바른 판단을 하도록 하는데 있다. 그리고 우리 기독교 안내서의 최면적 폐해를 줄이고자 함에 있다. 아무쪼록 이 책을 읽은 분들에게 많은 도움이 되기 바라며 성령님의 지혜로 모든 것을 잘 분별하는 은사가 충만하기를 간절히 바란다.

이 책의 원고를 정리하는데 도움을 주신 분들께 감사를 드린다.

2008년 12월 15일

산청 단계 황매산 기슭에서

전 용 복

차 례

◈ 먼저 알아야 할 마음의 세계

1. 인격의 구조와 그 역동성

프로이드는 인격의 구조가 의식의 영역이든 아니든 세 가지로 구성되어 있다고 보았다.

(1) **이드(Id)** : 세 가지 중 가장 기본적이고 원시적인 것이 이드이다. 이드는 인간이 외계와 접촉하기 전부터 타고 나는 진정한 심적 실재로서 보통 본능 또는 충동, 욕구 등을 말한다.

이드는 우리 마음이 외계와 접촉하기 이전의 원형적이고도 충동적이고도 원시적인 마음의 일면이다. 누구든지 소변이 마려우면 길에서라도 누고 싶으며, 누구든 배가 고프면 훔쳐서라도 먹고 싶어 한다.

(2) **자아(Ego)** : 그 다음에 자아가 있다. 자아는 인격의 세 요소에 대하여 그 인격을 통솔하고 책임지는 존재이다. 자아는 본능적인 충동이나 욕구를 무마하는 역할을 한다. 자아는 이드의 충동을 잠시 억제하고 그 사이 현실적으로 접촉해서 합리적인 방법으로 그것을 해결한다.

이드가 철부지처럼 쾌감원칙에 지배될 때 자아는 현실원칙을 지킨다. 그리하여 문제를 합리적으로 해결한다. 이것이 동물과 인간의 차이다. 동물도 이드가 있다. 그러나 자아가 없다.

(3) 초자아(Super Ego) : 그리고 세 번째로 초자아가 있다. 초자아는 외계에서 뛰어 들어온 제3의 마음이다. 초자아는 부모나 사회의 가치기준이나 도덕적인 관념을 표시하는 요소가 우리에게 작용하여 형성된 하나의 표준, 곧 양심이다.

초자아는 두 가지 역할을 한다. 하나는 자아가 양심에 맞는 일을 했을 때 칭찬하는 기능이다. 다른 하나는 자아가 양심에 맞지 않는 일을 했을 때 꾸중하는 기능이다.

그런데 이상의 세 기능이 서로 독립적으로 작용한다거나 또 따로따로 의식되는 일은 현실적으로 전혀 없다. 전혀 의식되지 않는 가운데서, 모르는 가운데서 상호 긴밀히 작용하여 일하는, 하나의 행동을 만들어내는 역동적인 것이다.

그런데 그 역동적인 움직임 속에서 「자아는 이드의 충동을 현실적으로 만족시키면서도 항상 초자아의 눈치를 보거나 기분에 맞도록 하지 않으면 안 되는 기능을 가졌다. 그리고 대부분의 이드의 충동은 초자아의 비위에 거슬리는 것이어서 자아가 여간 현명하게 굴지 않아선 양쪽 기세에 눌려 위축되기가 쉬운 것이다.

그래서 이드의 충동에 지나치게 지배되면 자아는 충동적인 성

격과 비양심적인 인간이 되는가 하면, 초자아에 너무 좌우되면
지나치게 죄악감과 자책을 느끼는 소심한 인간이 되는 것이다.

어쨌든 초자아와 이드 사이에 있는 자아는 강력할 필요가 있
다. 그래서 도리어 이드와 초자아를 적당히 견제할 수 있지 않고
는 자아의 '균형'은 잃을 수가 있다. 그렇게 되면 그 사람의 인격
은 분열되어 정상인이 아닌 이상인이 되는 것은 물론이다. 이 경
우 자아가 완전히 그 균형과 통솔력을 잃으면 신경증(神經症=노
이로제)이라 하고, 자아가 완전히 마비상태에 이르러서 이드가
판을 치면 정신병이 되는 것이다」(김한강, 최면술과 그 활용, pp.
110~111).

2. 의식과 무의식(잠재의식)

사람들이 "무의식"이란 말을 많이 쓴다. 그러나 그것을 알고 쓰
는 사람은 아주 드물다. 마음에는 두 가지 면이 있다. 하나는 우
리가 알 수 있는 마음이요, 다른 하나는 우리가 모르고 있는 마음
이다. 전자를 의식, 후자를 무의식이라 한다.

「정신을 차리다」라는 말에서 보듯이 「정신」이라는 말이 뜻하는
것은 철저히 알고 있는 상태의 마음이다. 따라서 모르고 있는 정
신이란 있을 수 없을 뿐만 아니라, 설령 있다 해도 이미 정신이라
는 말은 쓸 수 없다고 할지 모른다. 또 「마음」이라는 말도 마찬가
지다. 어떻게 마음인 이상 모르는 상태의 마음이 있는가 하고 반

문할지 모른다. 그러나 우리는 가끔 이런 말을 쓴다. 「나도 모르는 사이에 그만 …」

그러면 분명 모르는 사이에 무슨 실수나 행동을 저지를 수 있는 것인가 보다. 이렇게 모르는 사이에 무슨 행위를 일으킬 수 있는 우리의 정신작용을 「모르고 있는 마음」 또는 「무의식(無意識)」이라 한다.

그런데 의식과 무의식이 우리 마음에 차지하고 있는 비중을 물에 떠 있는 얼음에 비교하면 물위에 나온 부분이 의식이요, 속에 가라앉은 부분이 무의식이라고 할 만큼 무의식적인 현상 또는 작용이 우리 정신생활에 압도적으로 많다.

그런데 무의식이란 말은 사실상 용어상의 모순이다. 아주 의식이 없다면 이미 그것은 의식일 수가 없기 때문이다. 어떤 작용이 무의식적으로 일어날 수는 없다. 그 작용이 아무 이유도 없이 나올 수 없는 것인 이상 무의식은 아니다.

인간의 정신세계에는 의식되지 않고 잠재되어 있는 것들이 있다. 수많은 내용들이 잠재된 세계가 있다. 그것을 보통으로는 전혀 의식하지 못하므로 모르고 있는 마음인데, 편의상 무의식이라 한다. 그래서 좀 더 정확하게 말하자면 그것은 잠재의식이라고 말할 수 있다.

잠재의식은 우리의 의식보다 아주 큰 세계다. 빙산의 들어난 부분이 의식이면 물속에 잠긴 큰 덩어리가 무의식이다. 잠재의식은 우리의 모든 정신활동의 원천이다. 프로이드의 이드의 좌(座)가 여기이며, 고등한 사고 작용도 여기서 무의식중에(은연중에) 행하여지고, 때로는 훌륭한 직관이나 영감도 여기서 떠오른다.

　이제 의식계와 잠재의식계를 도표로 설명해 보기로 한다(김한강, 앞의 책, P. 162,163).

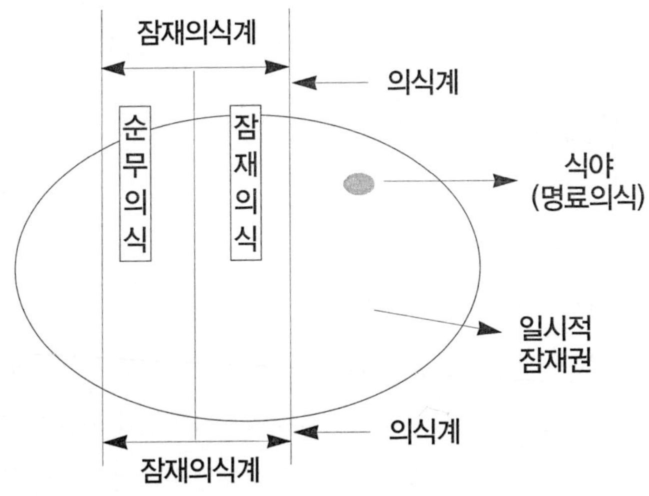

1. 의식계

(1) 식야(識野)

　일정 순간에 의식되는 의식의 범위를 말하며 이 권내에 들어오는 것은 명료하게 의식되는 것이 특징이다.

(2) 일시적 잠재권(圈)

의식 안에 있는 식야가 이리저리 주의(注意)작용에 따라 움직인다. 주의 작용이 일어날 때 그 초점에는 명료(明瞭)의식이 생기고 그 주변은 불명료의식이며 불명료의식의 주위는 일시적인 잠재의식이 돼 버린다. 가령 영어 단어를 천 개를 알고 있어도 영어공부를 할 때가 아니면 이들은 떠오르지 않거니와 또 영어공부를 할 때라도 천 개 모두가 한꺼번에 떠오르지 않는다. 말하자면 단어 천 개는 일시적 잠재권내에 들어있는 것이다.

2. 잠재의식

(1) 잠재의식계(界)

잠재의식계에는 일차 경험한 것들이 비록 재생(再生)되지는 않더라도 무진장하게 간직돼 있고 이의 작용이나 역할은 무의식적이다. 그것은 일시적인 무의식상태여서 순(純) 무의식과는 구별된다. 이 잠재의식의 영역은 후로이드의 모든 무의식적 정신작용의 영역이다.

(2) 순무의식(純無意識)

어떤 방법으로든지 의식화할 수 없는 영역을 순무의식이라고 후로이드는 상정(想定)했다. 마음의 비밀이 완전히 탐구되지 않은 지금의 형편으로는 이런 순무의식권이 있다는 것만 알 수 있지 구체적으로 그게 무엇인지는 알 도리가 없다.

　그런데 잠재의식은 의식 활동에 부단한 영향을 미치며 생득적인 신체작용 및 본능적인 욕구의 자제, 지적작용의 지배, 정서 및 유의적인 행위의 관활, 등의 일을 한다. 그리고 의식과 비교해서 비합리적이며, 수동성과 양보성, 감수성이 강하다

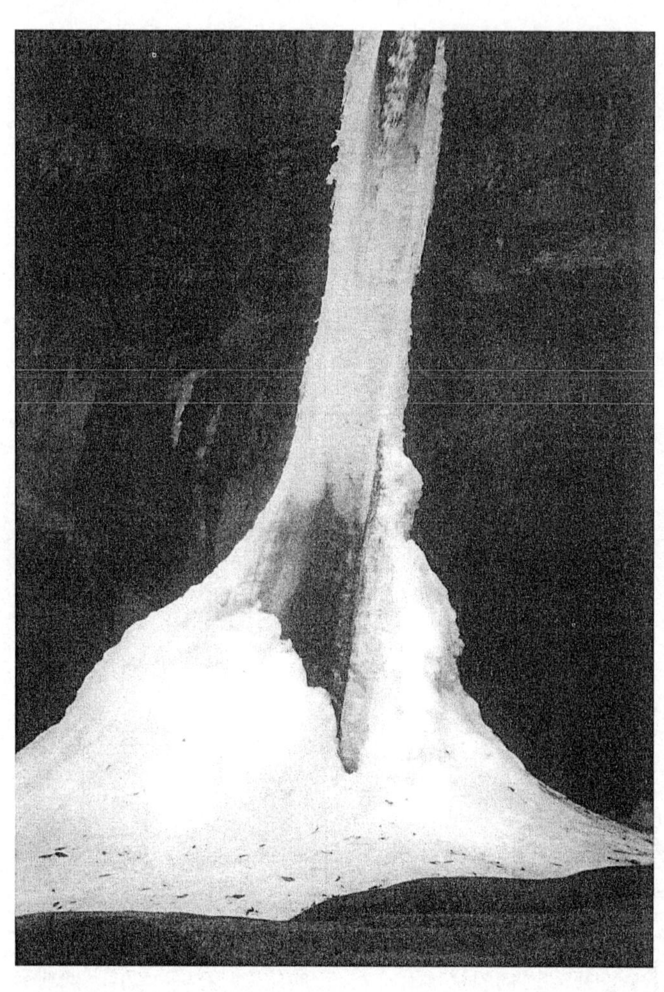

최면술의 실체와 그 종교적 이용 ■ 기독교를 중심으로

I. 최면술의 실체

1. 최면의 기초 이론

(1) 최면이란 무엇인가?

요즘 최면에 대한 관심이 점점 높아지고 있다. 많은 사람들이 최면을 배운다. 최면의 공개시범이나 기사를 본 사람들은 그 놀라운 신빈성에 감탄을 한다. "그것이 정말 사실일까?" 하고 고개를 갸우뚱거리는 사람이 많다. 그러나 최면의 실체를 깨닫고 그것이 우리 주위에서 얼마든지 볼 수 있는 것을 안다면 그리 놀라지 않을 것이다.

「누구나 자주 경험하는 일인데, 지하철 의자에 앉아 규칙적으로 흔들리고 있다 보면 낮에도 졸음이 오는 경우가 있다. 별로 수면 부족인 것도 아닌데 몸의 긴장이 풀리면서 그만 졸음이 오기 시작한다. 개중에는 코를 골면서 완전히 잠들어 버리는 사람도 있다. 그러나 대부분의 사람들은 의식이 몽롱해지면서도 머리가 작용을 해 주위의 소리나 사람들의 이야깃소리 등을 제대로 듣고 있다. 단지, 주변의 이야깃소리건 차내 방송이건 멀고 아득한 세상의 일처럼 느껴지며, 아무런 의미도 없는 단순한 음성으로서 귀를 스쳐 지나갈 뿐이다. 그리고 자신이 그곳에 있다는 현실감이 차츰 엷어져 어딘가 다른 공간을 떠다니고 있는 것 같은 감각에 휩싸이게 된다. 그때의 붕 뜬 같은, 머릿속이 텅 빈 기분은 실로 좋은 것이다.

이 잠들고 있는 것 같기도, 잠들지 않은 것 같기도 한 독특한 상태를 트랜스 상태라고 한다. 트랜스란 황홀이라든가 꿈결과 같은 의미인데 우리는 이것을 지하철에서만이 아니라 평소 여러곳에서 경험하게 된다.

이를테면 머리를 깍거나 면도를 하거나 할 때 어느새 졸음이 밀려온다. 그렇다고 해서 완전히 잠들어 버리는 것은 아니고 여전히 이발사의 손이 능숙하게 머리카락을 매만지고 있음을 느낄 수 있다. 하지만 왠지 현실감이 부족하며 가게 안을 흐르고 있는 음악소리도 어딘가 먼 곳에서 울려오는 것처럼 느껴지는 것이다.

영화를 볼 때나 학교에서 수업을 받을 때도 마찬가지다. 영화를 볼 때 긴장과 공포 또는 포복절도할 장면이라면 몰라도 지루한 장면이 이어지거나 하면 졸음이 엄습해 온다. 또 영 흥미를 붙이지 못하는 학과 수업이라면 그만 꾸벅꾸벅 졸기 시작해서 선생님의 목소리가 마치 자장가처럼 들려오는 것이다.

신앙심이 깊은 사람이 열심히 기도를 하고 있을 때 어느새 자기를 잊는 황홀한 상태가 되는 경우가 있다. 또 디스코 등 춤을 계속 추고 있으면 몰아의 경지에 빠져들기도 한다」(척척 최면술이야기, pp. 15,16).

　이러한 것을 모두 트랜스 상태라고 할 수 있다. 그런데 이 트랜스 상태를 의도적으로 만들어 내는 방법이 있다. 그것이 인공최면이며, 그에 비해서 위에서 예를 든 자연스럽게 트랜스 상태로 접어들게 된 것은 자연최면이다. 우리는 나도 모르는 사이에 자연최면을 많이 경험한다. 그런데 이 책에서는 인공최면에 대하여 말하고자 한다.

　「**최면이란** 일정한 암시조작에 의하여 **암시에 거리기 쉬운 상태,** 즉 피암시성이 높은 상태이다」(유한평, 최면이론과 실제, P. 1). 최면술은 암시를 반복하여 인간의 잠재의식을 지배하고 조종하는 방법이다.

　낸도르 포도르(Nandor Fodor)박사는 최면술을 정의하기를 "최면술사는 먼저 최면술 대상자로 하여금 잠재의식을 이끌어 내어서 어떤 특정한 일에 정신을 몰두하게 한다. 이러한 과정에서 최면술사는 어떤 기구를 사용한다든지 또는 주문을 반복적으로 외워서 최면술 대상자의 의식을 몽롱하게 만든다. 이러한 무의식 상태에서 최면 대상자는 자신의 의식 깊숙히 숨어 있던 잠재의식이 나타나게 되어서 그것에 따라서 행동하게 된다. 또한 이렇게 최면에 걸린 사람은 최면술사가 지시하는대로 행동하고 말하기도 한다. 이러한 최면술에 걸린 사람은 마치 환각제와 마취제로 주사를 맞은 사람처럼 이상한 생리현상을 일으키게 되며 자신의 몸을 자유자재로 사용하여 초인적인 힘을 발휘하기도 한다. 그는 최면상태에서 정상인들처럼 말을 듣기도 하며 하기도 하지만 그를 제정신으로 돌아오게 하기는 매우 힘들다”고 하였다(Encyclopedia of Psychic Science, p. 77).

최면에 유도된 사람(피술자)은 정신이 집중, 통일된 상태에서 반복하는 언어 암시를 심층 심리에 주입하여 그것을 행동으로 나타나게 한다.

「암시가 우리의 의식이나 잠재의식에 전달되어 일단 관념을 이루기만 하면 실제의 반응은 반드시 일어나게 되어 있는 것이고 그 때문에 최면이라는 현상이 일어나는 것이라고 할 수 있다. 말하자면 암시는 우리의 잠재의식에 들어가서 과거에 지각했던 사물의 표상과 결합하여 하나의 관념을 이루며 또한 그에 의해 실제의 표출을 보이는 바 이것이 바로 최면을 유도하는 과정인 동시에 최면상태 그 자체이기도 한 것이다」(김한강, 앞의 책, P. 240).

「“네 손을 바늘로 찔렀다. 따라서 아프다” 라는 언어암시만을 주어도 피험자는 전에 바늘로 손을 찔렀을 때의 아픔을 상기해서 실제 통점에 어떤 외적인 자극을 가했을 때처럼 통점이 흥분하고 그것이 뇌중추에 전달되어 “아프다”는 지각작용을 일으키는 것이다. 다시 말하면 실제의 자극이 없어도 암시내용과 같은 자극이 존재한다는 강한 신념 아래 실재 지각이 나타난다는 말이다. 따라서 실제 자극은 없어도 그 내용에 실제 자극이 있는 것처럼 꾸미는데서 충분히 실제 효과를 얻을 수 있는 것이 암시라고 하겠다」(김한강, 앞의 책, P. 237).

「최면을 잘 모르는 사람은 최면상태란 최면을 받는 특정인만이 경험할 수 있는 신비한 현상으로 안다. 그러나 우리가 어떤 대상에 대하여 주의를 강하게 집중시키면 의식이 협착되고 잠재의식이 도출되어 최면상태가 되는 원리를 알고 보면, 최면은 신비적인 것이 아니라 보편적인 현상의 하나라는 사실을 알게 될 것이다」(유한평, 최면이론과 실제, P. 1)

① 주의가 집중되어 형성된 식야는 의식권 내를 필요에 따라 자유자재로 유동(流動)한다. 주의가 집중된 피험자의 식야는 처음 암시자의 암시 내용의 시비(是非)를 가리기 위해 우리 의식 중의 사고역에서 머문다. 그러다가 암시내용이 합리적이고 정당하다고 인식할 경우에는 「비록 무의식적이지만」 피험자의 식야는 서서히 암시감응성이 있는 곳으로 옮겨져 암시를 감수하는 것이다. 그리하여 사고역에 있을 때의 비판력을 갖던 식야(注意作用)도 암시 감응성으로 일단 옮겨지면 무비판적이 되어 암시내용과 같은 관념이 의식 또는 잠재의식에 서서히 형성되는 것이다.(김

한강, 앞의 책, p. 242).

② 우리가 어떤 대상에 주의를 아주 강하게 집중하면 우리의 의식은 극도로 좁아져 그것만 주시하게 된다. 그러면 점차 의식은 약해지고 숨어있던 잠재의식이 드러나게 된다. 의식은 주로 강하게 사고하고 비판적이다. 암시감수성이 약하다. 그러나 반대로 잠재의식은 사고력이 약하고 무비판적이다. 암시감수성이 강해진다. 우리가 잠재의식이 드러난 상태로 되면 여러 가지 암시를 비판 없이 잘 받아들여 과거에 지각했던 것과 결합하여 관념을 이루고 그에 따른 반응을 보인다. 이때에 그 잠재의식 속에 있는 여러 관념도 쉽게 표출시킬 수 있다. 이러한 단계, 상태가 바로 최면이다.

최면에는 비법이 없다. 누구나 그 원리와 방법을 배우면 자기의 마음이나 타인의 마음을 통제하고 조종하며 변화시킬 수 있다.

(2) 최면상태

※ 최면상태의 실예

「적당한 최면상태에 이끈다. 피험자에게 암시를 주면 그에 따라 반응을 일으킨다. 손이 오른다면 손이 오르고, 발이 오른다면 발이 움직인다. 몸이 전후로 움직인다면 몸이 전후로 움직이고, 좌우로 흔들린다면 좌우로 흔들린다. 들린 손이 내려오지 않는다면 내려오지 않고, 이젠 걷고 있는 발이 움직이지 않는다면 그렇게 된다. 연필을 담배라 주면 담배를 피울 줄 아는 사람은 멋있게 피울 것이고, 양초를 초콜렛이나 과자라 해서 주면 맛있게 먹을 것이다. 또 베개를 강아지라 하면 귀여운 듯이 쓰다듬는다. 또 이 방의 의자가 춤춘다고 하면 잠시 바라보고 있다가 함께 춤추기 시작한다.」

「최면에 들어가면 외관상 잠자는 것 같이 보이기도 하지만 수면과는 확실히 구분되는 독특한 상태이다. 수면에서는 정신이 완전히 주의로부터 고립되지만 최면의 경우는 부분적으로 고립될 뿐이다. 말하자면 수면 상태는 외부와 차단되게 방문을 닫아 놓은 상태라면 최면 상태는 외부 즉 최면자만을 접할 수 있게 창문을 아주 조금 열어놓은 상태라고 말할 수 있다.

또 한편으로는 의식 활동이 감퇴되고 무의식(잠재의식)이 노출

되어 있기 때문에 무의식 상태라고 말할 수 있지만 순전한 무의식 상태에 빠져 있는 것은 아니다. 이런 상태를 최면성 트랜스(Hypnotic Trance)라고 말한다」(유한평, 앞의 책, P. 1).

이 트랜스에는 자발적 의지 운동이 감퇴되어 거의 수면에 가까운 상태에서부터 깨어 있을 때 같이 활발하게 작용하는 상태, 또는 이 양자가 혼합한 경우 등 여러 가지의 것이 있다.

이 상태가 되면 피암시성이 대단히 높아져서 운동감각, 지각, 기억, 감정 등이 각성 시와는 아주 달리 기발한 형태를 나타내게 된다. 또한 비활성화된 잠재능력을 일깨워서 능력을 최고도로 발휘케 하는 것이 가능해진다」(유한평, 최면의 이론과 실제, P. 1).

최면상태란 긴장이 풀려 마음이 평온지고 머릿속이 텅 빈 것 같고, 잠이 들어 꿈을 꾸고 있는 것 같은 상태이다. 그러나 일부 의식이 깨어 있어 최면자의 음성이 모두 들리고 현실감각도 어느 정도 느끼고 있지만 의식 수준이 낮아져서 무비판적이고 주의가 암시에만 극단적으로 집중되어 있는 상태이다.

최면상태에 대한 비심령적(nan-psychiycally) 개관적 정의를 내리면 다음과 같다.

"최면상태란 잠자는 상태와 같으면서도 여러 가지 외부적인 자극에 반응을 나타내는 상태를 말한다. 최면술에 걸린 사람은 오직 최면술사의 말만을 따르는 것처럼 보이기도 한다. 심지어는 기억이나 자기의식 조차도 최면술사의 암시에 의하여 바뀔 수 있

다. 그리하여 최면술사의 암시는 최면술 대상자가 깨어난 이후에
도 계속적으로 영향을 끼칠 수 있다"(Encyclpedia Britannica,
Vol.9. p. 133).

최면상태에서는 근심, 걱정, 불안이 모두 사라지고 정신도 신
체도 무통 상태가 되며 굉장히 편안함을 느끼게 된다. 최면의 심
도가 깊어졌을 경우에는 기분이 매우 황홀해지고 몸이 없어진 것
같기도 하고, 또 몸이 공중에 떠 있는 것 같은 부유감을 느끼게
되는 경우가 많다. 피최면자는 이 상태가 너무 좋아서 계속 그대
로 머물러 있고 싶어 한다. 그래서 최면에서 깨어난다는 암시를
받으면 깨어나지 않으려고 저항을 보이는 피최면자도 나오게 된
다」(유한평, 앞의 책. p. 2).

「이런 점에서는 최면상태는 황홀상태와 비슷하다. 최면상태와
황홀상태에 있어서는 무아의 현상이 있고, 근육이 활동을 중단하
고 신체의 감각에 대해 무감각하게 된다. 이 두 가지 상태에서는
사람이 모든 외부적 대상은 무시해 비리게 되고 시간의 흐름에
대한 개념이 없다」유한평, 최면과학의 신비, p. 72).

이 부분에 대하여 종교(기독교)란에서 다시 언급한다.

※ 최면상태와 수면상태

「최면에 빠진 피술자는 언뜻 보기에 잠자는 상태와 비슷하다. 이 때문에 과거의 최면사들 중에는 최면을 특별한 형태의 수면과 같은 것으로 생각 한 적이 있었다.

그러나 최면은 아무리 깊은 상태로 빠져도 진짜 수면과는 다른 것이다. 최면에 걸린 사람은 자기가 육체가 있는 것을 다소간 의식하지 못하게 된다.

비록 자기가 육체가 있다는 것을 알게 되더라도 그 육체에 대한 암시를 받지 않는 이상 자기의 그 육체가 아주 무겁고 움직일 수 없게 느껴진다. 그러나 정신은 언제나 깨어 있는 것이요, 다만 최면을 건 사람에게 또 그 사람의 말과 행동에만 국한하여 정신이 집중되어 있을 따름이다.

최면이 걸린 사람에게 잠을 자는 상태냐고 물어 보면 한결 같이 자기는 자고 있지 않다고 대답한다. 정말, 어떤 사람들은 최면에 걸려 있으면서도 「선생님, 저는 아직도 정신이 말짱합니다」라고 큰 소리를 질러서 최면을 방해하기도 한다. 그래서 사전에 최면과 수면과의 차이를 설명해 줘야 한다.

최면을 할 때는 물론 잠이 오는듯 하다는 암시를 줘가지고 최면을 유도할 수가 있다. 그러나 그러한 상태가 곧 수면 자체는 아니라는 것을 알려 줘야 한다.

최면상태는 어떤 면에서는 잠자는 상태와 비슷한 점이 있지만, 최면은 곧 수면이라고 할 수 있는 없다.

잠들 때와 같은 조건과 양상에 의해서 예를 들면 모든 강력한 자극을 제거하고, 편안한 자세를 취하게 하고, 단조롭게 하고, 공간 감관들에다가 한두 가지 부드러운 자극을 주고, 약간의 기대를 갖게 하고, 뚜렷한 생각을 소멸시키고 또는 흥분적이 아닌 대상이나 감각적 인상에 정신 집중을 시키는 등에 의해서 최면이 되는 것은 사실이다.

수면 상태에서와 같이 최면 상태에서도 온몸이 나른하고 수동적이 된다. 한편 정상적 수면이 최면 때와 같은 방법으로 생기는 수도 가끔 있다. 아이들은 잠이 저절로 안 오는 때에 이야기를 들려주거나 노래를 불러 주거나 가만 가만 흔들어 주면 자게 되는 수가 있다.

어른들도 최면에 생각을 집중시키고자 하는 기대에 정신집중을 시키고 또는 적어도 모든 산란하고 흥분적인 생각을 배제함으로써 최면상태를 스스로 일으키기도 한다. 자연적 수면 중에는 의식은 완전히 없어지지만, 최면으로 인한 수면에서는 그렇지가 않다. 비록 최면상태에 있던 사람이 깨어나서 자기가 최면상태에서 생긴 일들을 기억하지 못한다 할지라도, 다시 최면상태가 되는 때에는 모든 것을 회상 시킬 수 있다.

최면 암시 하에서는 피곤하지 않아도 잠이 들게 된다. 그리고 신체에 수술을 가해도 깨어 나지 않을 정도로 아주 깊이 잠이 들 수도 있지만, 평범한 수면이 생기기 위해서는 몸이나 정신의 피로가 겹쳐 있어야 하고 기타의 심리적 변화들도 동반되어야 한다.

그리고 가끔 고통이나 병리적인 장애로 인해 깨어나기도 한다. 수면 중에는 맥박, 호흡, 기타 신체의 기능들이 변동이 생기지만, 최면 상태에서는 특수한 예외적 경우를 제외하고는 그렇지가 않다. 최면 상태에 있는 사람은 시술사나 혹은 기타 암시를 주는 다른 어떤 사람과 일치해 있게 된다. 그러나 보통의 수면 상태에서는 의식을 잃자마자 잠든 사람은 외부 세계와의 연결이 끊어진다. 가벼운 수면 상태에서는 외부의 암시에 따라 꿈을 꾸는 경우에 관한 기록이 있지만, 일반적으로 수면 상태는 의식이 너무나 끊어진 상태가 되어 암시의 영향을 주기가 거의 불가능하다. 따라서 잠자고 있는 사람은 최면 상태로 전환시킬 수가 없다.

그리고 잠든 사람은 자기의 주위를 어떤 생각을 전개하는데 집중시키거나, 많은 의지적 노력을 요하는 행위를 하기가 불가능하게 된다. 그러나 최면을 유도하기 위해서 사용한 방법의 결과로 생기는 정신 집중은 최면상태 안에까지 연결되면, 말로 인한 암시나 감각적인 인상은 특정한 생각을 일으켜 주거나 물리적인 운동을 일으켜 주게 된다.

정상적 수면에 있어서나 최면적 수면에 있어서나 오직 두뇌의 일부분만이 휴식을 하게 되고, 한편 그 외의 부분들은 실제로 깨어 있지 않을지라도 쉽게 깨어나게 될 수가 있다. 남편이 코를 아주 심하게 골아대도 무난히 잠을 잘 수가 있는 아내가 자기 아기가 치근대면 즉시 깨어나게 되는 경우처럼, 이러한 부분적 수면 상태가 최면에서도 있을 수 있다.

「예를 들면 최면하의 피험자에게 금후부터는 곤한 잠을 자더라도 위급한 일이 생겼을 때는 즉각 잠이 깨진다」라고 후 최면암시를 하면 화재와 같은 돌발 사건이 발발했을 때 곧장 잠이 깨어지게 되는 것이다(유한평, 앞의 책, pp. 60-64서 발췌).

※ 최면상태와 꿈꾸는 상태

「최면상태는 꿈꾸는 상태와는 어떻게 다른가를 보기로 하자. 꿈꾸는 상태에서는 정신이 쉬고 있고, 생각이 혼잡하고 사건들과 감정들이 정신을 요지경 같이 스치고 지나가는데 대해 최면상태에서는 그 최면을 유도하기 위해 사용한 방법의 결과로 생긴 정신 집중이 그 최면상태 안에까지 연장되고, 말을 통한 암시 즉 감각적 인상이 꿈을 이루어주는게 아니라 일련의 특정한 생각이나 신체적 운동을 하게 해준다.

이외에도 또 다른 차이가 있는데, 그것은 꿈속에서의 의식(몽중의식)이라고 할 수 있는 지성적 활동은 논리적 일관성과 윤리적 강령이 없다는 특색이 있다. 그러나 최면 상태에서는 논리적 사고 능력이 보존되고 있으며, 윤리 의식이 보존될 뿐만 아니라 오히려 향상된다는 것이다.

한편 몽중의식과 최면상태와의 사이에는 모종의 유사성이 있다. 꿈의 한 가지 특색은 아주 불가능한 것들이라도 꿈속에서는 문제없이 인정된다는 것이다. 또 우리 정신에 떠오르는 모든 개념은 아무리 모순된 것일지라도 무난히 정말처럼 받아들여진다는 것은 두말할 여지가 없이 되어 있다. 정상적으로 깨어 있는 생활 중에서는 사람이 어떤 이야기는 불확실하다는 것을 자기 감각을 통해서 확인할 수가 있다.

그러나 이런 경우를 제외하고서는, 개념 그 자체는 꿈속에서나 깊은 최면상태에서는 판단력을 흐리게 하는 착각으로 발전하는 것과 똑같은 경향이 있다. 꿈속에서는 우리가 보고 느끼는 것이 정말이라고 믿는다.

그리고 우리의 감각으로 느끼는 인상들은 정상적 인식을 하지 못하고 오직 착각을 하게 되면, 우리가 의식하는 경향을 판단하는 능력은 본질적으로 변한다. 이러한 특성은 최면상태에서의 의식에 있어서도 흔히 있는 일이다.

깊은 최면상태에서는 저항의식이 없다. 때에 따라 피술자가 시술자의 암시에 반항하는 것은 어디까지나 무리한 암시가 피술자를 촉범하기 때문에 생기는 잠재의식적 저항인 것이다. 깊은 최면상태에서는 사실상 의식은 존재하지 않기 때문에, 암시는 즉시 행동에로 옮겨진다.

그러므로 그런 상태에 있는 피최면자는 몽류병자에 비교할 수 있다. 최면상태의 사람은 어떤 암시를 받아들이고 나서도 여전히 자기 고유의 지식이나 경험의 한계 안에 있는 모든 것을 이용하게 되며, 또 자기가 보고, 듣고 혹은 읽은 적이 있는 것 중에서 현재 자기가 받고 있는 암시와 부합이 되고 도움이 되는 것은 모두 이용하게 된다.

그러나 현재 자기의 중심 개념을 이루고 있는 암시와 부합되지 않는 개념이나 사실은 모두 완전히 분명하게 망각해 버린다. 이렇게 깊은 최면상태에 있는 사람은 귀납적 추리는 결코 하지 못하고 항상 연역적 추리만 하게 된다.

몽중의식과 최면현상에는 의외에도 또 다른 유사성이 있다. 예를 들면, 최면 중에 생긴 것들에 대한 회상은 그 최면상태의 정도와 완전히 반비례한다는 것은 이미 잘 알고 있는 사실이다. 만일 최면이 가볍게 걸렸으면, 그 피술자의 기억은 생생하게 된다. 최면이 깊이 걸렸었으면, 피술자는 어떤 감관을 그 동안에 사용했든지 간에 전혀 기억하지 못한다. 이런 것은 꿈에 있어서도 마찬가지다. 우리는 오직 바로 잠들려 할 때에 생긴 꿈이나 또는 깨어나기 직전에 꾼 꿈만을 기억하게 된다. 잠자는 사람이 깨어서 회상할 수 있는 꿈은 깊이 잠들어 있는 동안에는 꿈 꿔도 회상이 안 되므로, 이 동안에는 꿈이 없다고 해야 옳을 것이다.

더구나 꿈속에서 우리가 가끔 생판 다른 인간성을 갖는 것과 마찬가지로, 깊은 최면상태에서도 피술자는 그 인간 연상이 변할 수가 있다. 말하자면 자기가 누구인지를 잊어버리고, 어떤 이름을 붙여 주든지, 어떤 성격의 소유자라고 일러 주든지 간에, 그 암시를 즉시 받아 들이고, 피술자의 추리의 특색을 따라 완전히 연역적 논리의 태도를 취한다. 또한 이와 동일한 과정을 통해서 피술자에게는 몇 가지의 성격이라도 최면 중에 갖게 할 수가 있다는 것도 역시 잘 알려진 바다」(유한평, 앞의 책 pp. 64-67서 발췌).

 최면술의 실체와 그 종교적 이용 ■ 기독교를 중심으로

※ 최면상태의 종류

① 의식이 남아있는 최면

의식이 일반적으로 남아 있으나 평상시처럼 민활하지 못하고, 사고력은 마비, 내지 수동적이 된다. 반면 암시감응성은 증진되어 관념의 형성과 그 반응이 실제로 나타난다. 일상생활에 필요한 최면은 이 상태이다.

◇ 반최면(半催眠 : Semihypnosis)

피험자의 식야가 무한이 좁아지고 암시감응성은 높아져 평상시보다 사고력은 완전히 수동적이 되고 암시자의 암시 내용에 완전히 공감하는 상태다. 예를 들어 어떤 사람의 연설에 아주 집중하여 크게 공감하고 흥분하는 상태다.

◇ 박수상태(Somno leutia)

의식은 있다. 반최면과의 차이는 특수한 환경에서 주어진 적극적인 암시에 의해 이루어진다. 1기는 암시 내용과 같은 실제의 반응이 일어나지만 피험자의 의사가 작용한다. 2기는 피험자의 의사가 작용을 중지한 상태다.

② 의식이 없어진 최면

이 단계는 암시 내용에 '잠자다'는 의미가 포함되어 암시 내용대로 표면상으로 의식을 잃고 잠자는 상태와 같다.

◇ 의속상태(依屬狀態 : Hypotaxis)

의식이 없고 표면적으로 수면과 같다. 잠재의식만 남아 계속적으로 암시에 정확한 반응을 보인다. 감상예민, 착각, 환상, 기억의 변환, 경직증 등이 가능하다.

◇ 수유상태(睡遊狀態 : Somnambolism)

최면 중에서 가장 깊은 상태다. 최면 중에 자유로운 운동, 대화가 가능하며 인격전환, 천리안, 투시 등의 신비스런 반응이 일어난다. 잠을 자는 듯한 잠재의식 상태에서 깨어 있는 사람처럼 암시대로 모든 것을 이행하는 상태다.

유한평 씨는 최면상태의 종류를 "최면현상과 최면척도표"라는 제목으로 일목요연하게 정리하였다(최면의 이론과 실제, p. 387).

최면현상과 최면척도표

깊이	득점	현 상
반응없다, 유최면	0	어떤 반응도 일어나지 않는다
	1	신체적인 이완
	2	잠잘 것 같이 보인다
	3	눈꺼풀이 더욱 깜박인다
	4	눈이 감긴다
	5	정신적 이완 약간 졸린다
	6	수족이 무거우지는 것을 느낀다
경한 최면상태	7	눈꺼풀의 카탈렙시
	8	불완전한 수족의 카탈렙시
	9	작은 근육군의 금지
	10	호흡이 늘고 깊어진다. 맥박이 늘어진다.
	11	강한 피로감
	12	입과 턱의 경련(유도 암시를 하고 있을 때)
	13	피최면자와 시술자간의 라포
	14	간단한 후최면의 암시
	15	깰 때 혼자서 움직이고 눈을 깜박이려 한다.
	16	인격의 변화
	17	전신이 무겁게 느껴진다.
	18	현실을 벗어난 느낌

중간쯤의 최면상태	19	최면에 들어간 것을 느낀다 (잘 표현할 수 없지만 꼭 느낀다)
	20	완전한 근육의 운동 금지 (운동의 환각)
	21	부분적 건망
	22	무감각 (장갑을 낀 것 같은)
	23	촉각의 착각
	24	미각의 착각
	25	후각의 착각
	26	주의 상황에 대한 과민
	27	수족과 신체의 완전한 카탈렙시
깊은 최면 또는 몽유 양상의 최면상태	28	눈을 떠도 최면상태에서 깨어나지 않는다
	29	눈을 뜬 채로 허공을 응시한다 (동공산대)
	30	몽유상태 (간혹)
	31	완전한 건망 (간혹)
	32	후최면성 건망
	33	완전한 지각 상실 (간혹)
	34	후최면성의 지각상실
	35	기묘한 후최면성암시
	36	안구운동 무통제, 안구의 협동운동을 잃는다
	37	가볍게 떠 있는 것 같은 흔들리는 것 같은 멍하고 현실에서 떠난 느낌
	38	근육적 운동과 반응이 느슨해진다

깊은 최면 또는 몽유 양상의 최면상태	39	시술자의 음성이 때때로 멀어져 가는 느낌이 든다 (라디오 소리의 변조와 유사)
	40	신체기관활동의 통제 심박,혈압,소화)
	41	잃었던 기억을 회상 (기억항진)
	42	연령퇴행
	43	후최면양성의 환시
	44	후최면음성의 환시
	45	후최면양성의 환청
	46	후최면음성의 환청
	47	꿈의 유도 (최면 중 또는 자연수면 중에 후최면적인)
	48	지각과민
	49	색채감각
	50	모든 자발적 행동이 금지된 혼미한 상태, 암시로 몽유상태를 만들 수 있다. (깬 후 모르는 자 간혹 있다)

(3) 최면의 종류

1) 최면유도 주최에 따른 분류

우리는 재미있는 오락을 하거나 흥미 있는 강의를 듣거나 재미있는 책을 읽는 중에 자신도 모는 사이에 그 속으로 푹 빠져드는 일이 있다. 이렇게 우리의 주의가 하나의 대상에 극단적으로 집중되어 버린다. 이것이 자연체면이다. 이외에 의도적으로 유도하는 체면을 그 최면 유도 주최에 따라 분류하면 자기체면, 타인체면이 있다.

① **자기체면 :** 자기가 자기 자신에게 최면을 유도하는 것이다. 자기 스스로 최면상태로 들어가서 필요한 암시를 스스로 제시하여 효과를 보는 방법이다.

② **타인체면 :** 다른 사람이 최면을 유도하는 것을 말한다. 시술자가 피험자를 최면상태로 유도하여 피험자를 변화시키는 것이다. 시술자의 능력에 따라 피험자의 최면 정도가 결정된다.

2) 최면 방법에 따른 분류

① **언어최면 :** 말로 체면을 유도하는 것이다. 시술자가 피험자에게 말을 하면 피험자가 점차 깊은 최면상태로 빠져든다.

② **그림최면** : 그림을 이용하여 피험자를 최면상태로 유도하므로 암시를 제시하는 방법이다. 그림 체면은 곧 바로 이미지를 떠올릴 수 있다는 점에서 효과적이다.

③ **음악최면** : 음악을 이용하여 피험자를 최면상태로 유도하므로 암시를 제시한다. 이 방법은 편안하게 음악만 들으면 된다.

④ **약물최면** : 약물에 의해 피험자를 최면상태로 유도하는 방법이다. 이것은 최면유도가 극히 어렵거나 의도적으로 최면을 거부하는 사람에게 사용하는 방법이다.

3) 최면 내용에 따른 분류

① **전생최면** : 피험자를 최면 시켜 전생을 알아보는 최면이다 (추후에 다시 논한다).

② **병의최면** : 피험자의 속에 숨어있는 영을 찾아내고 몰아내는 최면이다 (추후에 다시 논한다).

③ **실용최면** : 생활을 위해 효과적으로 이용되는 여러 가지 최면을 말한다. 예; 집중향상, 다이어트, 금연, 금주최면 등

④ **연령퇴행최면** : 최면을 통하여 과거로 거슬러 가면서 기억을 되살려 보는 것이다.

◇ 관념운동과 본능운동 ◇

최면을 최면기법에 따라 관념운동과 본능운동으로 나눌 수 있다. 본능운동은 예상하기 어려우며 대한히 흥미롭다.

『최면상태에 접어들면 의식이 저하하게 되는데 의식은 인간의
이성의 작용이기도 하다. 따라서 최면에 걸린다는 것은 이성 그
자체가 약해지는 것을 의미한다. 이성이 약해지면 당연히 판단력
도 떨어지기 때문에 암시를 온순하게 받아들이는 상태가 되고 잇
따라 불합리한 암시에도 반응해 가게 되는 것이다.

그런 한편으로는 평소에 이성에 의해서 억제되었던 감정이나
숨겨져 있던 소망이 표면에 나타나기도 한다. 이를테면 사람에
대한 증오나 분노라든가 누군가를 해치우고 싶다는 욕구가 표출
하거나 하는 것이다.

이와 같은 감정이나 소망을 특히 스트레이트로 이끌어 내는 최
면법이 본능운동이다. 본능운동에 대해 관념운동이라는 것이 있
다. 이것은 좌우운동이나 전후운동, 또는 팔 개폐법이나 후도법
등처럼 최초에 어떤 관념(이미지)을 주어 그 관념대로 몸이 움직
이는 최면기법을 가리킨다.

그것에 대해서 본능운동은 피최면자가 자유롭게 움직이고 싶
은대로 움직이는 자동운동을 말하는 것이다.

대부분의 사람들은 격렬하게 그야말로 날뛰듯이 움직이곤 한
다. 그리고 그 격렬한 움직임과 함께 억제하고 있던 감정이 북받
치는 것이다.

예를 들면 어지간히 분한 일이라도 있었는지 마치 발을 구르듯
이 마루를 쾅쾅 울리는 사람이 있다. 또 점잖아 보이는 부인이 엉
엉 울음을 터뜨리거나 인상이 좋아 보이는 신사가 차마 입에 담

지 못한 욕설을 퍼붓거나 한다. 이성을 잃어 부끄러움 따위는 생각지도 않는 것이다.

개중에는 눈앞에 미워하는 상대가 떠오르기라도 했는지 그 사람을 차거나 때리거나 하는 동작을 하는 사람이 있다. 그와 같은 사람에게 모포나 쿠션을 건네주면 그것을 마루나 벽에 몇 번이고 내동댕이치기도 한다. 때로는 명백한 성적인 욕구불만으로 생각되는 움직임을 하는 사람도 있다.

또 몸을 아래위로 심하게 흔드는 사람이 있는데 이것은 무언가 열등감의 표출이다. 그리고 더욱 놀라운 일을 멋대로 옷을 벗어 비리고 알몸이 되어 버리는 사람도 있다. 별도로 「옷을 벗으라」는 암시를 한 것도 아닌데 스스로 벗어버리고 마는 것이다. 틀림없이 마음과 몸을 해방하고 싶다는 소망이 그렇게 시키고 있는 것이다.

한편 본능운동을 일으키기 위해서는 다음과 같이 좌우운동이나 전후운동에서부터 들어가는 것이 간단하다.

「몸이 앞뒤로 흔들립니다, 흔들립니다. 앞, 뒤, 앞, 뒤, 크게 앞뒤로 흔들립니다, 흔들립니다. 계속 흔립니다, 흔들립니다 ……자, 내가 손뼉을 치면 이번에는 몸이 여기저기로 움직입니다. 앞뒤로 뿐만 아니고 양옆으로, 사방팔방으로 움직이게 됩니다. 크게 심하게 움직이기 시작합니다(손뼉을 친다). 자, 보세요. 몸이 자유롭게 움직입니다. 사방팔방으로 제멋대로 움직입니다. 크게 심하게 움직입니다. 계속 움직입니다, 움직입니다. 더욱 움직입니다, 움직입니다. 날뛰듯이 움직입니다, 움직입니다. 이제 어떻게 움직이건 상관없습니다. 목소리를 내도 좋습니다. 말하고 싶은 것이 있으면 말해도 좋습니다. 어떻게 소리를 지르건 상관이 없습니다. 울어도 화를 내도 좋습니다. 마음속의 개운치 않은 것, 울적한 것들이 계속 치밀어 오릅니다.…… 혐오스러운 것을 모두 토해 버립니다. 움직이면 움직일수록 몸도 마음도 시원해집니다. 자, 그대로 계속 움직입니다. 움직입니다. 움직입니다. 움직입니다. 심하게 움직입니다. 움직입니다. 움직입니다. …… 」

이 본능운동을 할 때에는 좌우운동 등과는 달리 최면자도 심한 어조로 몰아세우듯이 잇따라 말을 걸어 나간다. 다만 계속 같은 어조로 몰아세우듯이 잇따라 말을 하게 되면 지쳐서 계속할 수 없게 되므로 도중에 빠른 리듬의 음을 들려주거나 해서 그 리듬으로 움직이도록 만들어 나간다.

어느 정도 움직였으면 그 뒤에는 탈력시킨다.

「자, 마음껏 움직이고 마음껏 발산했습니다. 내가 〈자-〉라고 말하면 온 몸의 힘이 쭉 빠집니다.…… 자, 보세요. 힘이 빠집니다. 온몸이 축 늘어졌습니다. 자, 몸이 또 앞뒤로 흔들리기 시작합니다. 앞, 뒤, 앞, 뒤. 조용히 천천히 흔들립니다. 흔들립니다.」

전력으로 질주한 뒤에 가벼운 러닝을 계속하듯이 본능운동이 끝난 뒤에도 갑자기 움직임을 멈추는 것이 아니고 전후운동이나 좌우운동으로 한동안은 천천히 움직인다.

그런데 본능운동 도중에 의자에서 일어나 체조(?)와 같은 것을 하거나 또는 의자에서 넘어져 그대로 방안을 뒹굴거나 하는 사람이 있다. 무언가 물건에 부딪히거나 하면 위험하므로 미리 치워 두는 것이 좋다. 가능하면 넓은 방에서 하는 것이 바람직할 것이다. 당연히 콘크리트나 마룻바닥에서 해서는 절대로 안된다. 반드시 융단이 깔려 있는 방에서 하기 바란다.

또 모든 사람이 큰 소리를 지르거나 치거나 때리거나 하는 것은 아니다. 다만 단순히 몸을 심하게 움직이기만 하는 사람도 상당히 많이 있다. 그것은 그것대로 충분히 스트레스의 해소가 되고 있는 것이므로 그대로 계속 움직이도록 해준다」(척척 최면술 이야기, pp. 205~208).

◇ **본능운동 중에 울리고 웃긴다.**

울거나 웃거나 하는 극열한 감정의 변화는 쉬운 것이 아니다. 그러나 최면 하에서는 그것이 쉽게 된다. 위에서 말한 본능운동 중에 그것을 쉽게 이끌어 낼 수 있다.

『최면으로 울리거나 화를 내게 하거나 할 수 있으므로 당연히 껄껄 웃게 하는 것도 가능하다. 최면 중에 웃기려면 역시 본능운동 중에 심하게 움직이고 있을 때에 웃음의 암시를 걸어 두는 것이 좋다. 또는 전후운동을 약간 빠른 속도로 하고 마치 복근운동을 하고 있는 것과 같은 상태로 해 두면 배가 자극을 받아 쉽게 웃을 수 있게 된다.

앞뒤로 흔들리고 있다.

「내가 〈자 –〉라고 말하면서 당신의 이마에 손을 대면 몸이 더욱 뒤로 크게 젖혀집니다.…… 자, 보세요. 뒤로 크게 젖혀집니다. 앞으로 크게 쓰러지고 뒤로도 젖혀집니다. 계속 크게 흔들립니다. 흔들립니다(잠시 그대로 흔들리게 둔다). 메트로놈의 소리가 빨라졌습니다(1분간에 120박자 정도의 속도로 바꿔 놓는다). 그것에 따라서 몸의 움직임도 빨라집니다. 계속 빨라집니다. 빨라져도 크게 움직입니다. 빠르게 리드미컬하게 움직입니다(여기에서 또 잠시 계속 움직이도록 둔다). 움직이고 있으니 왠지 즐거워집니다. 유쾌한 기분이 되어집니다. 이유도 없이 우스운 생각이 듭니다. 그만 웃음이 나오려고 합니다. 점점 입언저리가 근질근질합니다. 점잖은 체해도 소용이 없습니다. 이제 당신은 참을 수 없습니다. 자, 보세요. 웃기 시작했습니다. 일단 웃기 시작하면 그치지 않습니다. 잇따라 웃음이 터져나옵니다. 이제는 온 웃음퍼레이드입니다. 웃음만복래입니다. 이렇게 웃고 있는 것만으로도 모든 것이 좋아지는 것만 같습니다.…… 웃고 있으면 배에 모여 있는 신경이 단련되어 신경이 대담해집니다. 염치가 없을 정도로 신경이 대담해져 배짱이 생기게 됩니다. 마치 큰 사람이 되어가는 것 같습니다.…… 웃고 있으면 피부에 탄력이 생겨 당신은 더욱 더 미인이 됩니다. 십세나 이십세쯤 젊어집니다. 자, 아직도 웃음이 계속됩니다. 내가 말리지 않는 한 그대로 몇 시간이건 웃을 겁니다. 아무리 웃어도 미쳐서 죽지는 않을 것이므로 안심하고 실컷 웃어 버립시다.」

정말로 내버려두면 얼마든지 웃음을 계속한다. 개중에는 웃음이 지나쳐 죽는 것이 아닌가 하고 생각될 정도의 사람도 있다.

확실히 너무 오래 웃고 있으면 배가 아픈 것 같기도 하고 간지러운 것 같기도 한 기분 좋은 고통이 계속된다. 하지만 그만큼 웃는 것으로 인해서 변비가 나았다든가 식욕부진이었던 사람이 밥을 맛있게 먹을 수 있게 되었다든가 하는 뜻하지 않은 효과가 나타나게 되는 것이다. 호르몬의 균형도 조절되기 때문에 살결도 고와진다. 무엇보다도 웃는다는 것은 스트레스의 해소에 도움이 된다. 오직 웃는 것만으로도 여러 가지 좋은 일이 생기므로 웃음이야말로 고마운 것이라 하지 않을 수 없다. 그렇지만 몇 시간씩이나 웃게 놔둘 수는 없으므로 적당한 곳에서 멈추게 하지 않으면 안 된다.

웃음의 해제는 간단하다. 힘을 빼게 하면 웃음은 그치고 그 뒤에는 급속하게 깊은 최면상태로 접어들 수 있는 것이다.

「자, 정말 즐거워졌습니다. 내가 〈자 –〉라고 말하면 온몸의 힘이 쭉 빠져 나갑니다. 그리고 당신은 더욱 더 깊은 최면상태로 빠져 듭니다. 자, 보세요. 힘이 빠집니다. 온몸이 축 늘어집니다. 」
」(척척 최면술 이야기, pp. 209~211).

(4) 최면 암시

우리는 통속적으로 "귀띔한다, 시사(示唆)한다"는 뜻으로 암시란 말을 쓴다. 그러나 암시의 참뜻은 그런 의미보다 훨씬 심리학적이고 사회학적인 의미를 담고 있다.

암시는 하나의 집단 또는 개인이 다른 집단 또는 개인에게 자기가 목적하는 어떤 심리적인 효과를 거두기 위해서 제시하는 일종의 명제(命題)이다. 그것은 어떤 반응을 기대하는 자극의 일종이며, 명제의 내용과 같은 심리적 영향이 나타나기를 기대하는 행위이다.

우리가 암시를 받았을 때는 외부로부터 암시내용과 같은 어떤 관념이 돌연 우리의 의식 중에 들어와 우리의 사상의 일부가 되어 유의적인 노력과 신체적인 운동을 일으키게 한다(S.Badwin).

그런데 참 암시, 즉 깊은 암시는 우선 의식을 통해서 잠재의식 깊숙이 전해져 효과를 유발하는 것이다.

암시에는 부정 암시와 긍정 암시가 있다. 암시 효과가 부정적이고 유해하게 나타나는 암시를 부정 암시라 하고, 그 반대 경우를 긍정 암시라 한다.

부정 암시는 욕설이나 저주 같은 것이고, 긍정 암시는 칭찬과 격려 등이다. 그러한 암시는 잠재의식에 깊이 뿌리 박아 사람의 장래에 큰 영향을 끼친다.

그러면 암시란 최면술을 쓰는 사람의 독점물이 아니다. 누구나 사람들은 상대편의 마음에 영향을 주고 또 자기 뜻대로 상대편을 움직이려고 애쓰고 있다. 그렇다면 한편으로 사람들은 자기도 모르는 사이에 최면술을 쓰고 있다.

그런데 암시는 여러 수단을 사용하여 행해진다. 암시수단으로서 가장 효과적이고 강력한 것은 언어이다. 그 외 문장(文章), 몸짓과 표정, 권위, 전통, 유행 등이 있다.

그리고 암시가 효과적인 것이 되기 위해서는 어떤 조건이 구비되어야 한다. 그것은 합리적일 것, 정열적일 것, 반복적일 것, 강력할 것, 간단명료할 것, 임기응변적일 것 등이다.

(5) 최면에 대한 올바른 이해를 위하여 알아야 할 것들

(이 내용은 유한평저, 최면의 이론과 실제, pp. 2-8의 내용을 요약 정리한 것임).

1) 최면의 기법과 유도의 원리

최면유도는 어떤 일정한 대상에 주의를 집중하는 방법이 행해지고 있다. 그 대상은 어느 물체(수정구, 촛불 따위)의 한 점을 응시시키는 방법이 이용되기도 하고, 어떤 심상을 떠올려서 그 이미지에 주의를 집중시키는 방법이 이용되기도 한다(망망대해의 멀리 떠나가는 흰 돛단배를 떠올려 보는 것 등). 주의집중이란 최면유도절차에서 매우 중요한 포인트가 되고 있는데 어떤 방법이 됐든 피최면자가 일정한 대상에 주의를 강도 높게 집중해서 그 주의가 극단적으로 집중되는 상태에 이르도록 하면 의식이 협착되어 분석적인 의식은 되로 물러나게 되고 판단력이 없는 잠재의식이 의식층으로 도출되는 최면상태가 나타나게 된다.

2) 최면상태에서는 무엇이던 시키는대로 하게 되는가?

"최면에 걸리면 최면자가 말하는대로 하게 된다"라는 말은 오해이다. 피최면자가 기분에 거슬리는 암시를 받았을 때는 거부할 수 있기 때문이다. 물론 깊은 최면상태로 들어가면 예외가 있다.

그러나 양식 있는 최면사는 거슬리는 암시를 하지 않는다.

최면 중에는 의지력을 박탈당하게 되므로 위험하다고 말하는 사람이 있는데 그것은 결코 그렇지가 않다. 최면을 제대로 아는 사람은 그런 말을 할 수 없다. 오히려 최면은 피최면자의 그릇된 사념이나 개념에 집착되어 있는 의지력을 정상적이고 건전한 노선으로 인도해 줄 수 있는 강력한 방법인 것이다.

피최면자는 자기의 의지를 포기해 버리는 것이 아니다. 오직 최면자의 협력을 받아 불건전하거나 악한 쪽으로 기울어지는 충동을 극복할 수 있게 해 줄 수 있는 것이다.

그러니 최면자가 하는 일은 피최면자에게 자제하는 법을 가르쳐 준다. 피최면자의 개성은 절대 파괴되거나 약화되지 않고 오직 최면요법에 의해서 강화될 뿐이다.

3) 최면상태에서 비밀을 말하거나 항상 진실만을 말하는가?

사실은 그렇지 않다. 사람은 누구나 자기를 보호하려는 잠재의식이 있기 때문에 피최면자에게 불리한 암시를 주면 저항하게 된다. 그는 깨어 있을 때와 마찬가지로 깊은 비밀은 결코 말하지 않으며 또한 진실하지 않는 사람은 최면에 걸린 동안에도 거짓말을 할 수 있다. 그리고 피최면자는 놀림감이 될 수도 있다는 말이 있는데, 물론 깊은 최면상태로 들어가면 암시를 주기에 따라서 그럴 수 있겠지만 양식을 갖춘 최면사라면 놀림감이 될 시술을 결코 할 리가 없다.

4) 최면에서 깨어나지 못하면 어쩌나?

그런 일은 결코 일어나지 않는다. 얕은 최면상태에서는 피최면 자가 깨어나고 싶으면 언제든지 깨어날 수 있고 또 아무리 깊은 최면의 경우라도 각성암시에 의해 반드시 깨어날 수 있다. 만약 깨우지 않고 그냥 내버려둔다면 어떻게 될까. 최면에서 수면으로 바뀌어 실컷 자다가 깨어나게 된다.

최면을 행할 때 얼마간의 위험성이 있는데 그것은 주로 최면시 술 중에 존재한다. 그러나 그 위험성은 적절히 암시를 줌으로써 손쉽게 피할 수 있다.

대단히 드문 일이기는 하지만 깨어나는 암시를 주어도 환자가 깨어나지 않는 때가 있다. 그러나 깨우지 않고 내버려두어도 언 제까지 최면상태로 있는 일은 없다. 길어야 수 시간 정도 지속되 다가 수면으로 전환되거나 최면의 심도가 낮아져서 저절로 깨어 나는 것이 보통이다.

피최면자가 깨어나지 않는 데는 반드시 이유가 있다.

첫째로, 최면상태로 들어가 보니 대단히 기분이 좋아 그 상태 를 계속 유지하고 싶은 생각에서 깨어나는 암시를 받아들이지 않 기 때문인지 모른다.

둘째로, 최면사가 부도덕한 암시를 주었기 때문에 피최면자가 최면사의 암시에 반항해서 도전하고 있는지도 모른다.

셋째로, 피최면자가 눈이 뜨여지지 않는 상태에서 해결해야 할 문제가 있다고 느끼고 있는지도 모른다.

5) 환각, 마취암시의 경우

환각을 유도해서 그 제거를 확실히 하지 않으면 피최면자를 고생시키게 될 우려가 있다. 마취를 시켜놓고 그 종결시간을 지시하지 않는 경우도 그러하다.

일반적으로 암시가 제거되지 않더라도 그와 같은 현상은 얼마 후에 자연히 그치기 마련이다. 그러나 예외적으로 깊은 트랜스에 있는 피최면자에게는 그 현상이 좀더 오래 지속되는 수도 있기 때문에 다소라도 염려되는 현상은 소거하는 것을 잊지 말아야 한다.

6) 이상행동이 출현할 때

때때로 이상한 반응이 최면 유도 후에 일어나는 수가 있다. 최면사는 그와 같은 상태에 놀라서도 안 되고 그 원인을 잘 탐구해야 한다. 예컨대 긴장이 해제되면 피최면자는 울음을 터트릴지도 모른다. 이때 피최면자를 깨어나게 해서 울음을 멈추게 하는 것보다는 오히려 안심시켜서 감정을 발산케 하고 그 이유를 묻는 것이 좋다.

불안신경증의 환자 중에는 최면 중에도 불안 발작으로 고생하는 환자들도 있다. 이때 재보증으로 발작을 컨트롤하지 않으면 피최면자는 깨어나버리기 쉽다.

최면 중의 사람은 움직임이 없어지는 경향이 있다. 그러나 때로는 신체적 움직임이 일어날 수 있는데, 최면사는 이러한 반응에 주의를 기울일 필요가 있다.

가령 피최면자가 깊은 최면상태에서 신체의 움직임을 보인다면 대개 어떤 불쾌한 감정이 일어난 경우이다. 즉 파리가 얼굴에 앉아도 그것을 쫓지 않는 경우와 같은 것이다. 그러나 최면 시술 중에 어떤 운동을 일으킨다면 몸이 불편하든지, 어떤 불안을 가리키는 것이라 보아도 좋다. 이럴 때는 피최면자에게 질문을 해서 운동의 이유를 알아낸 다음 그를 도와주도록 한다. 몸의 불편이 원인이라면 몸을 편하게 해 주어야 할 것이고 마음속에 어떤 불안이 생긴 때문이라면 이를 해소시킬 수 있는 적절한 암시를 해야 될 것이다.

7) 의존성의 문제

최면유도에 있어서 비난의 이유 중 하나는 피최면자가 주체성을 잃고 의존성을 갖게 되는 점을 들고 있다. 실제 최면사와 피최면자 사이에는 의존성이 생겨나게 되고 특히 치료기간이 길 때는 현저해지는 것도 사실이다.

피최면자가 장기간의 분석요법을 경험할 때 최면사에게 더 큰 의존심을 가지게 된다. 그러므로 대개 피최면자에게 결핍된 독립자존성을 더욱 침해할 위험성도 없지 않다는 우려도 있지만 이것은 조금도 문제될 게 없다. 최면에 의해서 그것은 용이하게 컨트롤되므로 적당한 시기에 후최면암시로서 종결시켜주면 되기 때문이다.

정신요법의 최초의 단계로서 의존성은 치료효과를 높여주므로 오히려 바람직한 일이기도 하다.

8) 위험성의 문제

최면에서 다른 위험성은 피최면자보다도 오히려 최면사에게 있다.

정신요법을 행하는 경우 제3자를 입회시켜야 하는 법은 없지만 일반적으로 남자 최면사가 여성을 최면으로 유도할 때는 성적인 환상이 일어날 것에 대한 방지책으로 제3자를 입회시키는 것이 안전하다고 하겠다.

입회방법은 같은 방안에 있을 필요는 없고 문을 열어놓고 보이는 곳에 있든가 기온조절상 문을 닫는 것이 좋겠다는 판단이 서면 시술자의 음성이 들릴 수 있는 문전에 있도록 함이 좋다.

9) 병이 재발하는 문제

최면에 대해 비난을 하는 또 한 가지 이유는 최면요법은 후에 재발될 수가 있다는 것이다. 그러나 이것은 분명히 그렇지 않다. 오히려 다른 어떤 요법보다 최면요법은 재발이 적다. 뿐만 아니라 다른 어떤 치료법도 최면요법처럼 치유가 빠르고 지속적인 것이 없다. 이는 최면임상 경험이 풍부하고 상당히 권위가 있는 학자들의 말을 들어 말하는 것이다. 그렇다고 해서 최면요법으로 치료하면 재발이 전혀 없다는 뜻은 아니다.

(6) 최면의 활용범위

최면술은 다양하게 사용된다. 어떤 이들은 자신들의 나쁜 습관을 제거하기 위하여, 또는 좀더 평안한 마음의 상태를 얻기 위하여 자기 최면을 실시하기도 한다. 어떤 종교가들은 고통에 무감각하기 위하여 극단적 자기 최면의 방법을 사용한다.

어떤 마술사들은 대중을 즐겁게 해주기 위한 수단으로서 최면술을 사용한다. 많은 내과 의사들은 진찰이나 또는 병을 치료하기 위하여 최면상태를 이용한다. 그들은 최면술이 환자의 나쁜 행동, 습관을 치료하는데 도움을 준다고 믿고 있다. 한편 최면술을 자주 사용하는 자들은 사람들의 행동을 자기 마음대로 조종하기 위한 마술적 수단으로 최면술을 사용한다(죠지 맥도웰, 돈 스튜어트 : 오컬트, 이호일역 p. 108).

최면술로 사람들은 일반적으로는 생각할 수 없는 여러 가지 현상들을 일으킨다. 예를 들어 근육 경직을 시켜놓으면 의자 사이에 누워 있는 사람 위에 아무리 무거운 것을 올려도 끄떡도 하지 않는다. 신체의 일부, 특히 유방 등이 켜지게도 한다. 암시에 의하여 여러 가지 상상의 세계를 경험하게 되고 심한 추위와 더위를 느끼게도 된다. 최면술사는 피술자를 자기 마음대로 조종할 수 있다.

그런데 최면술의 가장 다양한, 그리고 가장 건전한 사용은 병을 치료하는 의학적 방법이다. 그것은 고대 원시시대부터 시도되었으며, 현대에는 더욱 활발하게 사용되고 있다.

현대에 와서 최면은 광범위하게 실용적으로 활용되고 있다(아래 내용은 유한평저, 앞의 책 pp. 8-11의 내용을 요약 정리한 것임).

1) 심신의 건강 증진을 위하여

현대인들은 지나친 스트레스로 괴로움을 당하는 일이 많고 그 결과 신경증이나 심신증 등으로 고통을 받는 사람들이 눈에 띄게 늘어났다. 신경증에서는 신체에 사소한 이상이 생겨도 무서운 병이 아닌가 번민하는 심기증이나, 불안, 공포의 증상이 일반적이며, 심신증은 천식, 위궤양, 고혈압 등의 증세에서 많이 볼 수 있으며, 예방을 위하여 강한 스트레스 자극에도 태연할 수 있는 방법의 강구가 필요하다.

또 스트레스 자극 때문에 심신에 긴장이 유발될 때도 이를 해소시키는 일이 중요하다. 최면을 이용하면 긴장을 용이하게 풀 수 있고 자극에 대한 감수성이 줄어져서 사소한 일 따위에는 끄떡도 하지 않게 된다.

병에 걸린 경우에는 누구나 신경이 예민해진다. 낫기가 쉽지 않은 만성병인줄 알고 있으면 우선 정신적으로 타격이 온다. 이런 때에 최면으로 심신의 안정을 유지하도록 하면 한결 증상이 가벼워지고 치료 효과도 높일 수 있다.

2) 성격 개조를 위하여

성격을 크게 나누면 사교적인 외향성과 폐쇄적이며 사교를 싫어하는 내향성으로 구분할 수 있다. 너무 어느 한쪽으로 치우치지 않는 잘 조화된 성격으로 사람은 어디에서나 환영을 받으며 유쾌한 나날을 보낼 수 있다. 판매나 관리, 경영 등의 일에는 약간의 외향적인 성격의 사람이 유리하다.

내향적이며 신경증적 사람은 신경질형이라 하여 심기증이나 우울증에 걸리기 쉽고, 외향적이며 신경증적인 사람은 소위 히스테리형이 되어 어느 쪽이나 좋은 성격이 못 된다. 이러한 개조에 최면이 가장 효과적이다. 특히 신경증적인 경향을 제거하는 것과 내향적 성격을 고치는데 극히 유효하다.

3) 인간관계의 개선에

타인 최면에서는 상대편의 감정이나 관념을 지배할 수 있고, 자기최면에서는 자기의 감정이나 행동을 컨트롤할 수 있다.

일상생활에서는 타인을 진정한 최면상태로 끌어넣는 일은 아마 없을 것이다. 타인과 우호 관계를 맺고 호의적으로 행동하는 정도라면 비록 최면상태까지 유도하지 않더라도 최면의 원리와 기술을 알고 있는 것만으로도 간단히 해 낼 수 있다. 그런 의미에서 타인최면 이란 일종의 타인 조종법이다.

자기최면을 배우면 사소한 일 따위에 신경을 쓰지 않게 되므로 불필요한 두려움이나 불안을 제거하여 적절한 사회생활을 이룰 수 있다. 사소한 일에 화내지 않는 관용성도 생기고 누구와도 마음 편히 교제할 수 있다. 이러한 성격을 기초로 하여 타인최면의 기술을 응용한다면 진정한 인간관계의 개선을 이룰 수 있을 것이다.

4) 비즈니스맨의 능력 개발에

비즈니스맨은 명랑하고 쾌활하며 사소한 일에 구애되지 않는 성격이 활달하며, 끝난 일에 언제까지나 미련을 남기거나 걱정을 사서 하는 성격이면 제대로 해 낼 수 없다.

자기최면은 비즈니스맨에게 필요한 성격을 양성하는 방법으로 첩경이 될 수 있는 기법이다. 또 불안감이나 열등감을 제거하고 경영자나 세일즈맨 등에게 필요한 자신과 능력을 높이는 데에 소용이 된다. 자기최면을 마스터하면 어떠한 사태에서도 태연하게 대처할 수 있고 실패하는 경우에도 곧바로 정신을 차려 바로 일어설 수 있다.

5) 아이디어 개발에도

최면 중의 대뇌 작용은 깨어 있을 때보다는 약간 둔화되어 있으나 수면과는 달라서 아직 의식이 존재하고 있다. 그러나 의식 수준은 각성 때 보다 저하되어 있기 때문에 사물을 선명하게 분별하거나 판단하는 인식 능력이 각성 때에 비하여 떨어져 있다. 그러나 지금까지의 생각에 구애받지 않는 새로운 착상이란 이런 때에 얻기 쉽다.

잠들어 버리면 아무 생각도 못한다. 그러나 의식 수준이 떨어진 최면 하에서는 무한한 능력의 보고인 잠재의식과의 교류가 가능하기 때문에 아이디어 개발에 이용한다면 진가를 발휘할 수 있다.

6) 텔레파시의 발현에 이바지

투시라던가 텔레파시 등 보통의 심리학에서 취급하지 않는 현상을 초심리현상이라고 한다. 최면을 유도할 때 언뜻 "잘 걸릴까" 라는 관념이 떠오르는 수가 있는데 이런 경우에는 유도가 다른 때보다 잘 되지 않는다. 그 이유는 확신을 갖지 못하게 되면 이쪽의 태도나 말에 박력이 없어져, 그것이 상대편에 영향을 주기도 하겠지만, 눈을 감고 있는데도 이쪽의 마음을 알고 잘 반응하지 않을 때에는 텔레파시의 존재를 생각하지 않을 수 없다.

최면상태에서 텔레파시 현상은 강하게 일어난다. 보통으로는 이해되지 않는 이러한 초심리현상이 일어난다.

7) 학습 효과를 높이기 위하여

공부를 잘 해 보려고 열심히 노력은 하지만 잘 되지 않을 때가 있다. 이때에는 마음이 불안정하고 정신이 산만한 경우일 것이다. 최면을 이용하면 마음의 안정을 가져오게 할 수 있고, 집중력을 비상하게 높일 수 있을 뿐만 아니라, 후최면 암시로 공부가 좋아지게 할 수 있으므로 학습 효과를 비상하게 높일 수 있다.

8) 습벽 기벽의 교정에

습벽, 기벽에는 흡연벽, 음주벽, 편식, 약물 기벽, 도벽, 상습벽, 거짓말, 말더듬, 자위, 야뇨, 차멀미 등의 많은 종류가 있다.

자신의 의지나 노력만으로는 떨쳐 버릴 수 없다는 습벽이나 기벽을 고치는 데에도 최면을 이용하면 효과를 줄 수 있는 경우가 적지 않다. 어떤 경우는 한 두 차례 최면을 받은 직후부터 기호품(담배, 술, 본드 등)에 대한 혐오감이 생겨나서 단번에 끊어버린 경우도 있다. 그렇게 될 수 있는 까닭은 최면을 이용하면 잠재의식으로부터 기호품에 대한 혐오감을 즉각 일으키는 것이 가능하기 때문이다.

9) 선수 기록 향상에

선수들에게 최면이나 AT(자율훈련)를 이용하면 경기에서 보다 큰 성과를 올릴 수 있다.

최면과 AT는 선수들이 경기를 최고의 컨디션 상태에서 자신을 갖고 시행할 수 있게 할 뿐만 아니라, 집중력을 높여 줄 수 있기 때문이다.

메달을 많이 따낸 미, 러시아 등의 선진국에서는 올림픽 선수들에게 자율훈련을 실시해온지 오래이다. 또한 이 방법들이 선수 능력 개발이나 기록 향상에 기여할 수 있다는 것은 그 동안 많은 실험 연구 사례를 비롯하여 선수들이 수립해 놓은 신기록 사례들이 실증하고 있다.

10) 그 밖의 활용 분야

외과 수술, 발치 등의 마취 수단, 무통분만, 비행교정, 이상행동의 컨트롤, 범죄수사, 기억의 재생, 전생요법 등 기타.

「변화를 위한 최면요법」(죠쉬 하들리/캐롤 스타텟코 공저)이란 책에 보면 최면술로 치료하는 여러 가지 경우를 자세하게 설명하고 있다. 그 책에서 최면술로 체중감소, 금연, 스트레스감소, 공포증치료, 자연무통분만, 통증조절 등에 대하여 언급하고 있다.

김영국 씨는 그의 저서 "사람 마음, 최면으로 잡아라"(pp. 158-192)에서 최면의 응용분야로 담배 끊기, 집중력 향상, 수험생 합격 암시, 부부최면, 대인관계, 다이어트, 불면증, 무통분만, 건강암시, 창조적 아이디어, 체육, 정력, 기 보강, 영업, 예술(음악, 미술, 연기 등), 투시, 미래 감지 등을 들어 설명하였다.

◇ 태능 선수촌의 자신감 키우기 프로젝트
 - 간이 커야 금을 딴다 -

국민체육진흥공단 체육과학연구원은 올림픽에서 금메달이 은메달이나 동메달로 바뀌는 사태를 방지하기 위해 태릉선수촌과 협력해 금메달 가능권선수 '정신력 기르기 프로젝트'를 실시하고 있다.

2008 베이징 올림픽 금메달 프로젝트의 일환으로 대표선들의 심리 상태를 분석해 보강하는 프로그램을 가동한 것이다. 스포츠

과학과 정보화의 시대를 맞아 메달급 선수들의 경기력에선 별 차이 없지만 심리적 능력에선 큰 차이가 나기 때문이다.

● 실전서 긴장은 곧 패배 – 선수마다 맞춤식 관리

경기에 나서면 선수는 부담을 가지고 긴장하게 마련, 긴장이 정도가 강하냐 약하냐에 따라 경기력이 달라진다. 이때 심리적인 불안 상태가 생기는데 이를 ‘경기 불안’이라고 한다. 경기 불안이 크면 집중이 안 되고 승리보다는 부정적인 생각을 하게 돼 결국 패배로 이어지는 경우가 많다.

연구원 스포츠심리팀(김병현 김용승 신정택 박사)은 대표팀 19개 종목 455명을 대상으로 대표선수들 심리상태 기준표를 만들어 경기 불안 수준을 체크해 유형별로 분리했다. 크게는 불안을 잘 조절하는 집단과 그렇지 못한 집단 2종류, 연구원의 관심은 후자, 메달권에 있으면서도 불안을 조절하지 못해 경기를 망치는 선수들을 집중 관리하며 ‘간’을 키우고 있다.

● 금메달 영상 보여주고 “난 할 수 있다” 반복

남자 유도 60kg급 최민호(28 · KRA)는 첫판 징크스가 있었다. 이상하리만치 첫판이나 두 번째 판까지 헤매다 그 이후 한판승을 거두는 일이 많다. 2004 아테네 올림픽 때도 이 때문에 동메달에 머물렀다.

연구원 연구 결과 최민호는 초반 경기를 한 뒤에 자신감을 찾았다. 금메달을 따려면 플레이의 향상성이 있어야 하는 법. 그래서 신정택 박사는 최민호에게 늘 "할 수 있다"는 혼잣말을 하는 습관을 들이게 하고 주위에서도 "넌 할 수 있다"는 말을 자주 하도록 했다. 그리고 2003 세계선수권 때 승승장구하며 금메달을 따냈던 장면을 영상으로 보여 주었다. 그러자 달라졌다. 첫판에 나설 때 과거와 같이 지나친 긴장을 하지 않고 자신감이 넘쳤다. 2007 세계선수권 대회에서는 아깝게 동메달에 그쳤지만 최민호 자신을 포함해 지도자들은 "금메달 0순위로"로 생각하고 있다.

※ 최민호는 2008 베이징올림픽에서 기대한대로 금메달을 땄다. 그런데 그는 놀랍게도 예선에서 결승까지 모두 전승하였다. 그것도 모두 한판승이었다. 그가 승리한 후 눈물 흘리는 모습이 선하다.

● **부정적인 생각 차단 … 경기 집중하게 심리훈련**

루틴(Routine)은 일상적 생활이나 훈련, 경기 날 똑같은 행동을 하며 불안이 끼어들 틈을 줄여 주는 것이다. 최민호의 사례에서 보듯 '좋은 말 듣기'나 '성공적인 영상물 시청'도 루틴의 일종이다. 신정택 박사는 "올림픽에서 최고의 경기력을 내려면 경기가 주는 내적(심리적) 외적(주변 환경적) 스트레스를 털어내고 경기에만 집중하는 습관을 들여야 하는데 루틴이 아주 유용하다"고 말했다.

심적 부담이 커지면 '금메달 못 따면 어떡하지', '혹시 예선 탈락하는 것 아냐', '저 상대가 나보다 강한 것은데', 등 부정적인 생각이 든다.

루틴은 일상생활 루틴, 경기 당일 루틴, 경기 전후 루틴 등으로 나뉘는데 매일 반복해 무의식적으로 따라 하도록 해 부정적인 생각 자체를 못하도록 만든다. 수영에서 출발하기 전까지 대부분의 선수가 MP3 플레이어로 좋아하는 음악을 들으며 혼자만의 세계에 빠지는 것도 경기에만 집중하려는 루틴이다.

연구원은 양궁 사격 유도 태권도 배드민턴 펜싱 수영 등 메달 가능 종목의 '간' 작은 선수들을 대상으로 개별 '금메달 루틴' 을 만들어 시행하고 있다.

● **선수들이 자주 쓰는 혼잣말**

· 나는 나를 믿는다.

· 모든 준비는 끝났다. 금메달을 가져 오는 일만 남았다.

· 떨지 마라. 나는 할 수 있다.

· 드디어 내게 기회가 왔다. 아자!

· 태릉에서 훈련한 대로만 하면 금메달이다.

· OOO, 넌 할 수 있어. 널 믿는다.

· 여기서 내 모든 걸 보여 주겠다.

(동아일보, 2008.3.12일 스포츠 란)

● **이러한 프로젝트는 선수들의 자신감을 키우기 위해 자기훈**

련방법을 쓰는 것이다.

◇ 스트레스 해소에 활용할 수 있는 최면이완 요법

① 눈을 감고 숨을 깊이 들이 마십니다.

② 잠시 정지한 후 숨을 길게 내쉬며 온몸의 긴장이 풀린다고 생각합니다.

③ 팔다리와 온몸의 근육의 긴장을 풀어 줍니다.

④ 자신의 호흡에 마음을 집중하고 숨을 깊이 들이쉬고 내쉽니다.

⑤ 규칙적으로 고르게 호흡하면서 긴장을 풉니다.

⑥ 숨을 내쉴 때마다 몸 안의 긴장과 불안이 모두 밀려 나가고, 숨을 들이쉴 때마다 주위의 평화와 안정감이 들어온다고 생각합니다.

⑦ 이제는 온몸의 근육이 하나하나 풀어진다고 생각합니다.

⑧ 감고 있는 눈 주위와 이마, 얼굴의 근육들이 완전히 풀어진다고 생각합니다.

⑨ 입 주위와 턱의 근육들이 완전히 풀어진다고 생각합니다.

⑩ 이 사이를 약간 벌리고 턱의 긴장을 풉니다.

⑪ 목과 어깨의 근육을 모두 풀어 줍니다.

⑫ 숨을 쉴 때마다 당신의 몸과 마음은 더 깊은 휴식으로 들어 갑니다.

⑬ 가슴과 등의 근육들을 모두 풀어 주십시오.

⑭ 가슴 속의 심장과 폐의 깊은 곳까지 완전히 긴장을 풀어 줍

니다.

⑮ 양 팔의 긴장이 풀리며 그 편안한 이완이 두 손 끝까지 퍼집
니다.

⑯ 이제 숨을 내쉬며 배의 근육을 모두 풀어 줍니다.

⑰ 두 다리의 근육을 완전히 풀어 줍니다.

⑱ 발가락 끝까지 모든 근육의 긴장이 풀어집니다.

⑲ 당신은 이제 온몸의 긴장이 풀려 완전한 휴식 속에 잠겼습
니다.

⑳ 이제 당신은 아주 깊고 기분 좋은 이완 상태에 들어왔습니
다. 깊은 상태에서 당신의 몸이 쉬는 동안 당신의 마음은 아
주 깊은 내부의 문이 열립니다.

부모나 배우자가 옆에서 차분한 목소리로 천천히 읽어주거나
목소리를 녹음해서 들려주면 효과적이다. 자세는 편안한 의자에
앉거나 바닥에 누워서 듣는 것이 좋다. (2008.3.12 동아일보)

◇ '마음의 힘' 키우는 NLP심리요법
 - 몸이 느끼는 자존감이 치료제 -

스트레스는 만병의 원인이다. 사람이 질병에 걸리는 것의 약
80%는 스트레스 때문이다. 그렇다 보니 최면 이외에도 스트레스
해소를 위한 다양한 심리요법이 소개되고 있다. 최근에는 자신의
마음속에 잠재한 힘으로 스트레스를 해소하는 'NLP심리요법' 이

뜨고 있다.

NLP(Neuro Linguistic Programming. 신경언어프로그램)는 우리가 말하거나 생각하는 언어가 뇌에 작용해 좋거나 나쁜 영향을 끼친다는 논리다.

이세용 NLP 심리기술연구소(www.mindnlp.com) 소장은 "마음속에서 긍정적인 생각을 구체화하면 인체도 그 영향을 받아 스트레스를 막는 호르몬이 분비된다"면서 "NLP는 그러한 원리를 이용한 것"이라고 말했다.

이 소장의 도움말로 가정에서 활용할 수 있는 NLP 심리요법을 소개한다. 내 마음의 문제점을 근원적으로 바꿔보자는 태도를 취한 뒤 조용한 장소에서 하루 2, 3회씩 15분 정도 반복한다.

● 세상에서 가장 소중한 사람인 '나'를 되돌아보기

조용하고 편안 자리에 눈을 감고 앉아서 세상에서 가장 중요한 사람을 찾아보는 시간을 가진다. 마음속으로 '나보다 더 중요한 사람이 또 어디 있겠는가'를 반복한다. 자신이 소중하다는 것을 몸으로 느낄 때 스트레스의 강도는 조금씩 떨어진다. 자신을 미워하고 자학하면 스트레스는 올라간다. 자신을 사랑하는 것이 NLP심리요법의 시작이다.

● 밝고 바른 말만 사용한다.

밝고 바른 말은 자신을 살리는 힘이고, 어둡고 부정적인 말은 자신을 죽이는 독과 같다. 부정적인 생각이나 말보다는 밝고 긍정적인 말만 하는 연습을 한다. "나는 마음을 밝게 바꾸었다", "나는 몸과 마음이 건강하다" 같은 말을 수차례 반복한다.

● 밝은 마음, 밝은 표정 짓기

몸과 마음은 서로 영향을 미치는 만큼 '얼굴을 찌푸리면 지금이 곧 지옥이며, 얼굴에 웃음을 띠면 지금이 곧 천국이다' 라는 생각을 가진다. 언제나 밝은 마음이 얼굴에 타나나도록 연습한다.

● 가장 자랑스럽고 기뻤던 경험 떠올리기

눈을 감은 상태에서 당시의 장면과 소리를 떠올리며 다시 한 번 자랑스러움을 느껴본다. 대학 입시에 합격했을 때, 첫 아이가 태어났을 때의 자랑스러움을 마음껏 느끼면 스트레스가 어느덧 훌훌 날아간다.

(2008.3.12) - 동아일보-

(7) 최면의 신비 – 연구할 새 분야 –

심리학이 귀납적 방법으로 심리현상을 연구하기 시작함에 따라 심리현상의 신비스런 면은 그 대상에서 제외되었다. 그러나 이것이 최근에 다시 초월심리학(Parapsy-chology)이라는 학문으로 새로이 편성되어 연구되기 시작했다. 이 학문의 특징은 지금까지 신비스런 마음에 대한 형이상학적인 연구를 지양하고 통계적, 과학적 방법으로 연구한다는 점이다.

그런데 초월심리학자들이 주로 연구하는 과제는 속칭 E.S.P현상이다. 그것은 "감관이외(感官以外)의 인식(認識)(Extra-Sensory Perception)"이라는 영어 단어의 첫 자를 딴 이름이다. 우리가 외계를 인식하는 수단은 일반적으로 오관(五官)인데, 그 이상의 어떤 수단으로 인식이 가능하다면 그것은 아주 신비한 일이다.

E.S.P는 평소에 지각되어진 일도 없고 사고되어진 일도 없지만 어떤 외계사물에 대한 인식이 여러 형태로 우리의 의식과정에 떠오르는 현상을 말한다. 이것은 의식작용과 무관한 어떤 인식이라는 점에서 잠재의식의 초월적인 인식력을 통한 인식이라 할 수 있다. 그러므로 잠재의식만 남는 최면상태에서 이런 기능이 가장 활발하게 일어난다. 그러므로 E.S.P의 연구과제는 바로 최면학의 새로운 연구 분야이며 최면의 신비한 세계다.

1) 천리안(千里眼 : Clairvoyance)

"천리안"은 천리 밖을 내다보는 눈이다. 상식적으로 불가능한 인식력을 시공을 초월하여 발휘하는 것이다. 천리안은 꿈속에서나 각성 시에도 일어난다. 최면 중에 보다 활발하게 일어난다. 예를 들어 최면 중에서 어떤 피험자는 아파트 아래층에서 위층의 실내 구조를 눈으로 보는 듯이 설명하였다.

2) 투시(透視: Telepathy)

천리안, 투시, 염사, 정신감응 등의 말은 일반적으로 혼돈해서 사용한다. 그러나 정확한 개념은 천리안은 물리적 외계인식이고, 투시는 심리적인 외계인식이다. 염사, 정신감응 등은 후자에 속한다. 투시는 상대방의 마음을 어떤 외관의 인상이나 추측을 통하지 않고 직접적으로 잠재의식의 힘에 의해 알아 맞추는 것이다. 이러한 현상도 각성시보다 최면 시에 더욱 활발하다.

3) 심력파급(心力波及: Psychokinetic)

우리의 잠재의식은 천리안, 투시처럼 외계에 대한 수신만 하는 것이 아니라 송신의 역할도 한다. 이를 두고 심력파급이라 한다. 우리 심중에 있는 어떤 관념이나 신념은 어떤 경로를 거치는지는 알 수 없으나 물리적인 수단을 넘어서는 모험적인 방법을 통하여 외계 특히 타인의 심중에 영향을 미친다.

최면술이나 정신분석을 통하여 환자와 의사 사이에 이상한 정신적 유대가 생긴다. 이것을 라포(rapport)라고 하는데 일종의 심력파급 현상이라 볼 수 있다.

● 위에 말한 E.S.P 현상 외에 최면에서 아주 신비한 것들이 있다. 그것은 과거와 미래를 보는 것이다.

① 과거를 본다.

○ 연령퇴행 : 최면 하에서 "지금 너의 나이는 세 살이 되었다. 세 살 때의 모든 일이 기억난다"라는 식으로 하면 실제로 세 살 때의 일들을 실제처럼 이야기한다.

○ 전생 : 연령 퇴행을 더 심화시켜 전생을 보도록 유도하면 전생, 전생의 전생도 보는 듯이 말한다. 여기에 대하여 여러 가지 주장들이 있는데, 추후에 별도로 논하고자 한다.

② 미래를 본다.

최면으로 미래를 볼 수 있다. 어떤 학생은 최면 하에서 출제될 시험문제를 알아맞히기도 하고, 자격시험 합격여부, 중간시험 점수를 알아맞히기도 하였다. 어떤 이는 미래의 중대 사건을 말하기도 하였다.

2. 최면의 역사

최면의 기원은 유사 이전으로 거슬러 올라간다. 고대 이집트의 조각, B.C 10세기의 그리스 조각에 그려진 최면상태로 유도하고 있는 모습이 그것을 입증한다.

기원전에 이집트에서 치차 엠 앙크라는 자가 최면으로 많은 기적을 행했다는 것이 현존하는 기록 중 가장 오랜 된 것이다. 그후 그의 지식이나 방법은 그리스 로마로 전해졌다.

「원시족에서는 정치, 군사 외에도 추장이 종교와 의료도 겸하여 관리하는 것이 보통입니다. 미국의 어느 인류학자는 종교와 의료에 최면술 같은 기술이 이미 구석기시대부터 사용됐다고 주장합니다. 원시족에는 추장과 다른 의사나 사례도 따로 있지만 대체로 이런 기술을 가진 사람은 의료, 종교 외에도 여러 사람의 추천으로 추장이 되고 권력을 쥐기 마련입니다. 고대에 있어서 최면이라는 것은 종교, 의술과 연관되어 있습니다. 고대인은 최면현상을 신탁(神託)으로 받고 암시에 의해 치료를 했기 때문입니다. 에집트의 세라피스 전당(殿堂), 그리이스의 테르하이 신전(神殿) 등은 이러한 이유로 건축되었고, 로마의 에자언과 신의 소리 등도 알고 보면 최면현상인 것입니다. 인도의 바라몬교에서 이루어지는 요가는 자기최면의 일종이지만 불교에 편승되어 라선이라는 것이 되었고, 요가와 비슷한 형식인 중국의 태식법(胎息法)이라고 불리며 백은선사의 내관법(來觀法)은 라선을 누어서 하는 형식으로 바꾼 것이라고 할 수 있습니다. 이러한 모든 것들은 정신의 수양과 치료를 위하여 최면술을 사용한 것입니다」(최면기술입문, 대아출판사, pp. 36,37).

근대에 와서는 오스트리아의 의사이며 철학자인 안토 메스멜(Mesmer, 1734-1815)에 의해 프랑스 파리에서 시작되었다. 당시 최면술은 동물자기술이라 불려졌다.

메스멜의 동물자기이론은 인간의 몸에는 자력이 있어서 그 힘을 이용하여 병을 고칠 수 있다고 하였다. 메스멜은 의술로 치료할 수 없는 난치 병자를 많이 고쳤다.

그러나 그것은 그의 주장과는 달리 심리효과이며, 자기요법은 과학으로 인정할 수 없다는 판정이 났다. 그래서 자기 요법은 쇠퇴를 면치 못하게 되었다.

그 후 70년이 지난 1840년대에 영국 의사 브레이드는 자기이론을 수정하여 "최면을 인공적인 일종의 유사 수면상태"라고 하였다. 그리고 "자기술"을 "최면술"이라고 개칭하였다. 이 최면술(Hypnosis)이란 말은 그리스어 "힙소"(Hypno) 즉 "잠이 온다"는 말에서 나온 것이다. 그런데 이 수면학설은 잘못되었다고 비난을 받았으나 그 이름은 그대로 사용되고 있다.

그 당시에 최면은 외과 수술에서 마취수단으로 이용되어 인기가 있었다. 그러나 마취약의 발명으로 최면은 수술실에서 쫓겨났다. 그러자 최면은 오락물로 전락하여 소위 무대최면으로 발전하였다.

그러나 세계 도처에서 최면을 과학적으로 연구하는 사람들이 일어났다. 드디어 최면을 제대로 연구하는 시대가 오게 되었다.

프랑스의 의사 리에보는 1864년에 난시에서 최면의 연구와 실험에 몰두하였다. 그는 환자들을 최면상태로 유도하여 암시를 줌으로써 치료하는 테크닉을 개발하였다.

난시대학의 외과의사 베른하임은 아무리 치료해도 안 되는 자기의 극심한 좌골신경통 환자가 리에보의 최면술로 치료되는 것을 보고 감명을 받고 최면을 배웠다. 두 사람은 최면으로 3만여 명을 치료했다. 이 사실은 전 유럽에 알려졌고, 드디어 최면의 일대 붐이 일어났다.

이 때 세계적인 과학자 진마르탄, 사르코도 최면에 같은 관심을 가졌다. 사르코는 메스멜의 자기이론을 재도입하였다.

이 때 유명한 지그문트 프로이드도 사로코, 베른하임에게 가서 최면을 배우게 되었다. 그는 베른하임 밑에서 "무의식"의 세계를 알고 연구하게 되었다. 그러나 그는 최면 연구로 계속 나가지 않고 그 무의식 즉 잠재의식에서 출발하여 정신 분석이란 학문을 완성하였다. 이로 인하여 최면의 인기는 많이 떨어졌다.

그 후 1914년에 발발한 제1차 세계 대전으로 수많은 신경증 환자가 나왔다. 그리고 이에는 최면치료가 가장 효과적이라는 판정이 나와 최면은 다시 각광을 받게 되었다.

그런데 지금까지의 연구는 주로 임상적이었으나, 이때부터는 심리학자에 의하여 관리실험이 행해졌다. 예일대학의 힐교수는 "최면과 피암시성"이란 책을 썼다. 그 후 최면연구는 미국을 중심으로 전 세계 각국에서 활발하다. 최면학회도 연달아 설립되어 국제교류가 성행하고 있다. 1950년대부터 영국, 미국의 가장 권위 있는 의학단체에 의하여 가장 가치 있는 수단이 되고 있다.

요즘 미국에서는 하버도, 펜실베니아, 콜롬비아 대학 등에서 최면 강좌가 실시되고 있다. 최근 미국심리학회는 심리최면과를 신설하였으며, 미국의 종합병원에서는 최면 전문클리닉센터가 건립되었다.

그뿐 아니라 최면은 범죄수사에도 이용되어 강력사건 해결에 도움을 주었다. 최면상태에서는 망각되었거나 희미해진 범인의 인상착의나 범행차량 번호 등을 확실하게 떠올릴 수 있기 때문이다. 특히 유괴납치사건을 해결하는데 도움을 주었다.

이제 우리나라의 최면의 역사를 살펴보자. 해방 전에는 일본에 본부를 둔 최면연구회인 제국신비회 조선지부에서 최면 강의록을 통해 최면을 보급하였다.

해방 후에는 1960년대에 정신과 의사 이용 씨가 "최면술 입문"이라는 책을 펴냈다. 김용락 씨는 트레이시의 "최면의 신비"를 번역 출판하여 최면이 인간에게 유용한 과학적인 것이라는 인식을 심어 주었다. 그리고 최면이 활성화 되도록 적극적으로 보급하게 된 것은 유한평 씨가 대한 심리구소를 개설한 1966년부터이다. 유한평 씨는 공개 강좌, 서적 발행, 대학 출강, 문화생 배출, TV 공개시연 등으로 혼신의 힘을 기울여 최면 보급에 힘쓰고 있다.

이제 한국에서도 최면은 의학계와 교육계의 지대한 관심사가 되었고, 최면을 활용하는 의사, 교수, 교사들이 해마다 증가하고 있다. 그리고 최면을 성격 개선, 습벽 교정, 건강 증진, 능력 개발 등에 이용하는 사람이 늘고 있다.

최근에 와서 한국 최면은 새로운 인식으로 활성화의 조짐을 보이고 있다.

3. 타인최면의 최면시술

최면의 기본은 집중과 이완이다. 그 중에 더 중요한 것은 집중이다. 그래서 최면술을 정신집중술이라고 한다. 피험자의 의식을 시술자에게 집중시키는 것이 가장 중요하다. 그러면 그 집중시키는 방법은 무엇인가?

① **신뢰:** 집중하도록 하위기 위해서 신뢰를 얻어야 한다. 신뢰와 집중은 서로 비례한다. 신뢰하면 열심히 듣게 되고 집중한다.

② **여유:** 침착한 태도는 피험자를 집중시키는데 꼭 필요하다. 급하게 서둘면 피험자는 신뢰하지 않고 잡념만 가지게 된다.

③ **신념:** 시술자는 "하면 반드시 된다"는 신념을 가져야 한다. 그 신념은 합리적 인식 후에 생긴 긍정적인 마음 상태다. 신념은 염력으로 피험자에게 강하게 전달된다.

④ **동기 부여:** 피험자의 욕구를 충족시켜줄 수 있음을 알려 최면이 되고 싶은 동기를 부여한다. 그러면 강하게 집중한다.

⑤ **협조:** 최면은 피험자가 받아들여야 된다. 스스로 긍정적, 수용적으로 응해야 한다. 그러므로 시술자는 겸손하게 협조를

구해야 한다.

⑥ **매력:** 집중은 결국 마음을 뺏기는 것이다. 시술자가 피험자의 마음을 뺏기 위해서는 매력이 있어야 한다. 매력이 있게 보이면 마음을 빼앗긴다. 집중하게 된다.

이러한 사실을 염두에 두고 이제 타인을 최면시키는 최면시술을 차례대로 알아보기로 한다. 최면시술은 기본적으로 4단계로 나누어진다.

첫째 단계: **준비**

- 최면을 받으려는 마음을 가지게 한다.
- 최면에 대한 오해, 불안, 공포를 없앤다.
- 암시현상에 대한 이해와 피암시성 정도를 알기 위한 피암시성 실험을 행한다.
- 라포를 형성한다.

둘째 단계: **유도**

- 심신의 긴장을 풀도록 한다.
- 여러 가지 방법 중에 적당한 것을 골라 최면유도를 한다.

셋째 단계: **심화**

- 깊은 최면상태로 유도한다.

넷째 단계: **각성**

- 최면상태에서 깨운다.
- 최면의 체험에 대해 이야기한다.

(1) 준비

1) 최면을 받으려는 마음을 가지게 한다.

내담자와 대화를 통해 그가 원하는 것이 무엇인가를 분명히 파악해서 그것이 최면으로 해결하는 것이 가능한 것이라면 최면으로 해결할 수 있다고 확신시킨다. 납득할 수 있도록 잘 설명한다.

2) 최면에 대한 오해, 불안, 공포를 없앤다.

내담자에게 최면을 받고 싶은 마음을 갖게 하였으면 그 다음 단계로 최면에 대하여 어떻게 이해하고 있는지 알아본다. 이때에 최면에 대한 오해나 불안, 공포를 갖고 있다면 잘 이해시켜 그 불안, 공포를 없애야 한다.

3) 암시에 대한 이해와 피암시성을 알기 위한 피암시성 실험을 한다.

피험자가 집중할 수 있는 마음자세를 갖도록 하였으면 그 다음 단계로 암시를 주어야 한다. 암시는 언어나 기타 자극으로 타인의 관념, 결심, 행동 등을 일으키는 것을 말한다. 그런데 암시를 주기 위해서는 피암시성을 파악해야 한다. 피암시성은 암시를 받아들이는 성질을 말한다. 모든 사람은 피암시성이 있다. 그러나 사람마다 암시에 반응하는 정도가 다르다. 보통으로 남자보다 여자, 연장자보다 연소자, 지능이 낮은 자 보다 높은 자가 피암시성이 높다. 그런데 피암시성을 파악하기 위해서는 어떤 암시를 주어 어떻게 반응하는가 보면 된다. 즉 암시를 주어 그것이 수행되느냐, 안되느냐 수행되면 어느 정도 시간이 걸리느냐를 보고 알게 된다.

이제 피암시성을 파악하는 실험을 알아본다.

① **흔들이추(진자)** : 추는 직경 1cm 크기가 좋다. 그 추를 20cm 길이의 실 끝에 매단다. 최면자는 피최면자에게 "이 추를 보면서 내 말을 듣고 있으면 저절로 추가 좌우로 흔들린다. (앞뒤로 흔들린다. 원을 그린다)"라고 한다. 그리고 "점점 더 크게 흔들린다"라고 반복한다. 이 때 흔들리는 폭을 보고 그의 피암시성을 알 수 있다.

② **신체의 동요** : 피험자는 벽을 보고 두 다리를 붙이고 눈을 감는다. 최면자는 뒤에서 "몸이 흔들린다. 점점 더 흔들린다"고 한다. 이 때 몸이 흔들리는 정도를 보고 피암시성을 알 수 있다.

③ **신체 후도, 전도** : 이것은 몸을 뒤로, 앞으로 넘어지게 하는 것인데, 앞의 신체 동요를 더 강하게 하는 것이다. 피험자가 벽의 한 점을 보고 발끝을 맞추어 서게 한 후 "온 몸에 힘을 빼고 있으면 저절로 뒤로 넘어진다" "앞으로 넘어진다"고 암시를 준다. 이 때 어느 정도의 시간에 넘어지는가를 보고 피암시성을 알 수 있다.

④ **폐안** : 피험자에게 일점을 바라보게 하고 눈이 피곤하여 무거운 감을 느껴 눈이 감긴다는 암시를 반복한다. 이 때 눈이 감길 때까지의 시간을 보고 피암시성을 알 수 있다.

⑤ **회화** : 피험자에게 한 장의 그림을 5초간 보인 후에 유도 질문을 한다. "책상 위의 노트는 펼쳐저 있었느냐" "벽시계는 움직이는 추가 있었느냐" 그 때 질문 속에 실제 없었던 것도 넣는다. 이 때 피암시성이 높은 사람은 질문 속에 담겨진 암시에 반응해서 없던 것도 있다고 대답한다.

⑥ **색채** : 피험자에게 여러 색채판을 수를 달리하여 교대로 준다. 그러면서 어떤 색은 주지 않는다. 나중에 준 색채 판의 개수를 물으면서 안 준 것도 묻는다. 이 때 안 준 것의 개수를 대답하면 피암시성이 높다.

⑦ **손 떠오르기** : 피험자가 한 손을 무릎 위에 내려놓고 눈을 감도록 한다. 그 다음에 "손이 점점 가벼워진다. 손목에 많은 풍선이 달려 있다. 손이 점점 더 가벼워진다. 이제 공중으로 떠오른다" 고 암시한다. 5분 정도로 10~20cm 정도 떠오르면 피암시성이 높다.

⑧ **손가락 잡고 빼기** : 피험자가 오른 손으로 왼 손의 손가락 하나를 잡게 한다. 그리고 "손가락과 손이 하나가 되었다. 꼭 붙어서 뺄 수가 없다. 아무리 빼려 해도 안 된다"고 암시한다. 이 때 빠른 시간 안에 빠지지 않으면 피암시성이 높다.

⑨ **팔 뻗고 굳히기** : 피험자가 한 팔을 앞으로 뻗고 주먹을 쥐게 한다. 그리고 "온 팔과 주먹이 점점 굳어진다. 완전히 굳어져 손을 펼 수가 없고 팔은 구부릴 수 없다"고 암시한다. 이 때 빠른 시간 안에 굳어지면 피암시성이 높다.

 최면술의 실제와 그 종교적 이용　기독교를 중심으로

(2) 최면유도의 기법

일반적으로 쓰고 있는 과학적인 최면유도법으로 다음과 같은 것들이 있다.

1) 안구응시법

피험자가 최면자의 눈동자를 똑 바로 응시하게 하고 언어암시를 주어 유도하는 방법이다.

"자, 되도록 편안한 자세를 취한다. 전신의 힘을 빼고 내 눈을 똑 바로 보라. 눈이 점점 피곤해진다. 눈이 감긴다. 눈을 뜰 수 없다"

2) 물체고정응시법

피험자를 의자에 편하게 앉히고 물체의 한 점을 계속 응시하도록 하여 유도하는 방법이다. 물체는 촛불, 회중전등 등이 좋고 물체와 눈의 각도는 45° 정도가 좋다. "자 이 물체의 한 점을 잘 보아라. 몸에 힘이 빠진다. 잠이 온다. 눈이 감긴다. 눈을 뜰 수 없다".

3) 신체동요법

몸을 뒤로 또는 앞으로 넘기는 암시를 반복하여 최면상태로 유도하는 방법이다.

4) 복식 호흡법

편한 상태로 눕게 한다. 천천히 숨을 들이 쉬게 한다. 아랫배가 불러오도록 크게 쉬게 한다. 그리고 아랫배를 뒤로 끌어당기면서 천천히 숨을 내쉬게 한다. 이 때 좋은 공기가 들어오고 나쁜 기운이 나간다고 암시한다. 그러면서 머리 밀착, 눈꺼풀 밀착, 입술 밀착, 입 열기 등의 암시를 하며 확인한다. 이런 과정에서 점점 깊은 최면상태로 들어간다.

5) 손개폐법

양손을 가슴 앞에 합장시키고 손끝만 약간 붙이게 한다. 이 때 몸의 힘을 빼게 한다. 암시는 조용한 목소리로 단조롭게 한다.

"자 손 끝에 주의를 집중하라. 암시대로 된다고 생각하라. 손끝이 떨어진다. 손이 벌어진다. 점점 더 벌어진다. 이제 손이 닫힌다. 점점 더 닫힌다. 손벽이 붙는다. 꽉 붙었다. 떨어지지 않는다."

6) 손가락 어른거림에 의한 유도법

피험자를 똑 바로 세워놓고, 최면자의 오른 손 인지와 중지 두 손가락을 피험자의 눈앞에서 아른거리게 하면서 암시한다. "눈이 피로해진다. 눈꺼풀이 무거워진다. 눈꺼풀이 붙는다. 눈을 뜰 수 없다. 팔이 점점 굳어진다. 다리도 굳어진다. 온 몸이 굳어진다."

7) 심호흡법

깊은 호흡을 계속시켜 유도하는 방법이다. 심호흡을 계속 시키면서 점점 깊은 최면상태로 들어간다고 암시한다. 다른 유도방법으로 유도하면서 이 방법을 조합시키면 좋다.

8) 심상법

어떤 상을 마음속에 그리게 하여 그것을 응시시키고 있는 중에 점점 최면을 유도하여 깊은 상태로 들어가게 한다. 이것은 보통의 암시에 잘 반응되지 않는 피험자에게 효과적이다.

9) 메트로놈법

메트로놈의 소리를 피험자의 시야 밖에서 매분 50박자 정도의 느린 속도로 들려주고, 이 소리가 "깊이 – 자라, 깊이 – 자라"라고 속삭이고 있는 것처럼 상기시킨다.

"당신은 박자 음을 듣고 있으면 기분이 좋아져서 깊이 잠들게 된다. 그러나 그 소리는 확실하게 "깊이 – 자라" 소리로 들려온다.

10) 기합법

옛날부터 기합술이란 게 있었다. 갑자기 큰 소리로 "얏" 하고 기합을 넣어 깜짝 놀라는 순간 마음에 허점이 생겼을 때 재빨리 암시를 넣어 상대방의 심신을 제어하는 방법이다. 그러나 사람을 놀라게 하는 것은 좋은 방법이 못된다.

11) 최면암호어법

한번 최면에 유도되었던 사람은 후최면성암시(후최면암호)를 이용하여 쉽게 최면유도를 할 수 있다. "당신은 이 최면에서 깨어난 후에 언제든지 내가 하는 '슬립'(다른 말도 좋다. 무슨 말이나 간단하고 인상적이면 좋다)이란 말을 듣게 되면 지금처럼 깊은 최면 속으로 들어간다."

12) 집단최면의 유도법

집단최면은 많은 사람을 동시에 최면 시키는 타인최면이다. 그 대상이 집단이 되므로 거기에 따른 여러 지식, 요령이 필요하다.

집단체면은 장소 준비를 잘 해야 한다. 청중석의 의자는 포근하고 편안해야 한다. 실내의 온도가 적당해야 한다. 무대가 청중석과 떨어지고 높아야 한다. 그래야만 청중은 위엄을 느낀다. 청중의 수가 준비한 의자 수와 같아야 한다. 초만원이거나 텅 비면 곤란하다.

그리고 암시자는 단정한 복장, 정중하고 온화한 태도, 위엄이 있어야 한다. 당황하지 않고 담대해야 한다. 말씨는 자신감이 넘치고 유머가 섞여야 한다. 그래야 반발심리가 없어진다.

「암시법은 개인 대 개인의 최면법과 같으나 그보다도 정성 들여 암시에 잘 반응을 보일 때까지 몇 번이고 반응시켜 점진적으로 해나간다. 모델 최면시범이 집단최면 효과를 높일 수 있으므로 모델은 최면 피암시성이 높은 대상을 잘 선정하여 관객을 감동시킬 만한 시술을 행해 보일 필요가 있다.

　집단최면에서 보면 예상 외로 빨리 트랜스에 빠지는 사람도 있고, 아주 반응 없는 사람도 있으므로 어디에다 기준 삼아 암시해 나가야 좋을지 곤란에 부딪히게 된다. 즉 너무 빨리 트랜스에 빠지는 사람에게 중심을 두면 다른 사람과 균형이 맞지 않아 곤란하고, 너무 반응이 늦은 사람을 대상으로 하면 시간이 걸리게 된다. 그리하여 전부를 최면 시킨다는 것은 어려우므로 보통 그 집단의 몇% 쯤 최면 시킬까 먼저 예상해 두었다가 그것을 기준으로 행하는 게 좋을 것이다.

　어느 정도 트랜스가 된 사람 수가 늘어나면 그때까지 반응하지 않았던 사람도 집단의 분위기에 점점 휩쓸려서 트랜스에 빠지는 수도 있다. 암시를 주면서 반응하기 쉬운 사람을 찾아 의자 사이를 걷든가 때로는 서서 개인 최면과 같이 어깨와 얼굴, 손등에 최면자가 손을 접촉시키면 의외의 효과를 얻을 수 있다. 대부분의 경우 집단최면에서는 너무나 트랜스를 유도하는데 어려우므로 경최면 내지 중등도 최면을 목표로 삼는 게 좋다. 특별한 실험과 치료 등의 목적으로 더욱 깊이 하기 위해서는 그들을 따로 불러내어 개인 최면과 같은 방법으로 심화시켜 행하는 것이 바람직하다.」(유한평, 최면의 이론과 실제, pp. 33,34).

(3) 최면 심화법

일반적인 유도법으로 깊은 최면상태에 유도되는 사람에게는 최면 심화법이 필요 없다. 그렇지 못한 사람에게 최면 심화법이 필요하다.

1) 수세기법

예를 들어 "뒤로 넘어진다"라든지 "마주잡은 손이 떨어지지 않는다"라고 암시할 때에 그것 만으로도 효과가 있으나, 그 전에 "셋까지 세어 나가면"이라는 말을 넣어서 " 하나- 둘- 점점 굳게 붙는다, 셋- 아주 붙어 버렸다. 떨어지지 않는다"라고 하는 것은 더 좋다.

2) 분리법

예를 들어 억압상태에 있는 환자에게 수정구를 응시시켜 그의 소년시의 유쾌한 기분으로 전환할 수 있는 계기를 마련한다. 이런 과정을 마칠 무렵에 몇 가지 유쾌하였던 기억을 상기시켜 추억에 쏠리게 한다. 그 도중에 저항이 약해져 암시를 쉽게 받아들이게 된다.

3) 강제법

원칙적으로는 함부로 강제 반응을 시켜서는 안 된다. 그러나 반응되기 직전이라면 상대방의 자존심과 인격을 해치지 않는 범위 안에서 약간 반응을 강제하든지 도와주면 잘 될 수 있다. 예를 들어 떨어진 손을 마주 잡고 이번에는 제 아무리 해도 떨어지지 않는다고 강력히 암시를 주는 방법 등이다.

4) 정상적 기분 인식법

암시 중에는 약간 기묘한 것도 있다. 반응에도 여러 가지 우스운 일이 있는데, 그것을 모두 정상적인 것이라고 암시해야 한다. 그렇지 않으면 피최면자는 자기의 반응이 우습거나 창피스럽게 생각하고 불안해져서 더 이상 암시를 받기 어렵게 된다.

5) 손 이용법

최면자가 손을 적당히 이용하면 암시 반응을 높이는데 효과가 있다. "내가 당신 머리에 손을 대면 머리속이 텅 빈다", "졸린다"라고 하면서 머리에 손을 댄다. 코 밑을 손으로 자극하면서 "아주 좋은 냄새가 난다"고 한다.

6) 감상과 경험 듣기

최면 유도 전 또는 최면에서 깨어난 뒤 그 감상이나 경험을 서로 말해 보게 한다. 이것은 피드백의 효과가 있을 뿐 아니라, 어떤 암시가 효과가 있고 어떤 암시가 듣지 않았는가를 알 수 있다.

7) 눈에 주의 갖게 하여 트랜스를 심화한다.

눈을 감고 있는 피험자에게 "당신의 눈은 감겼다", "감겨진 눈에 주의하면 더욱 잠들게 된다", "더욱 깊은 최면으로 들어간다"라고 조용한 목소리로 말한다. 그러면 최면 트랜스가 점점 더 심화된다.

8) 확인법

최면의 각 단계에 따른 현상을 하나 하나 확인하여 반응시켜 본다. 즉 "누꺼풀이 굳게 감겨 아무리 해도 떠지지 않는다, 한번 떠 봐", "안 되지? 절대로 떨어지지 않는다"고 하는 등이다. 이렇게 함으로 최면이 더욱 깊어진다.

9) 암시 휴지법

암시를 성공시키는 데는 정당한 공백이 큰 효과를 가져 온다. 10~20분간의 침묵이 많이 행해진다.

10) 잠 암시법

"잠이 온다", "졸린다" 등의 잠 암시는 저항이 많은 사람을 유도하려 할 때에 다른 암시와 병용하면 효과적이다.

 최면술의 실체와 그 종교적 이용 ‖ 기독교를 중심으로

(4) 최면 시술의 실제

1) 운동지배 최면

① 팔의 평행이동

"자, 양손을 앞으로 올려주십시오"

"손바닥을 안쪽으로 향하고 팔과 손가락을 펴주십시오"

"양손을 앞으로"

"그리고 양손을 등 넓이만큼 벌려주십시오"

"양손 안에 당신의 마음을 집중시켜주십시오"

"양손이 극성이 다른 자석처럼 달라붙는다고 상상해주십시오"

"네-양손이 자력 같은 힘에 의해 끌려서 갑니다", "점점 더 가까이 끌려갑니다", "쑥-끌려갑니다---", "더욱 더 가까이 가서 양 손바닥이 달라붙습니다", "달라붙습니다---", "꽉 붙습니다---", "자- 이번에는 양손이 떨어집니다---", "네 양손이 떨어집니다", "떨어집니다---. 양손이 무겁습니다", "양손이 무릎 위로 내려 갑니다" "양손이 무릎 위로 내려가면 마음이 아주 편안해지고 최면으로 들어갑니다", "양손이 점점 아래로 내려갑니다---", "양손의 힘이 빠지고 무릎 위에 내려왔습니다", "기분이 매우 느긋하고 편안해졌습니다"

② 팔의 부양

"크게 호흡을 하고 조용히 숨을 천천히 뱉어 내 주십시오"

"그렇게 하면 몸 전체의 힘이 빠지고 아주 마음이 가라앉습니다. 태평한 기분이 됩니다"

"네, 깊게 큰 호흡을 해주십시오, 그렇습니다, 천천히 행해주십시오"

"세 번 계속해 주십시오. 마음이 아주 가라앉았지요?"

"그러면 당신의 마음을 오른쪽 어깨 죽지에다 집중해 주십시오"

"가만히 마음을 집중시키면 마비되는 것 같은 기분이 됩니다"

"그렇게 하고 있는 동안에 오른팔이 점점 가벼워지는 것을 알 수 있지요"

"제가 네-라고 신호하면 오른팔이 아주 가벼워지고 무릎에서 떨어져서 위로 올라갑니다"

"네- 오른 손이 무릎에서 떨어져 위로 올라갑니다, 점점 올라갑니다… ", "오른손의 엄지손톱에 집중해 주십시오", "그 손톱에 주의를 보내면 손톱이 이마를 향해 끌어당겨집니다", "엄지손톱이 이마를 향해 자꾸만 끌어당겨집니다", "더욱 더 이마에 가까워집니다"

"점점 가까워집니다", "자- 얼마 안 가서 이마에 붙습니다", "붙습니다… ", "엄지손톱이 이마에 붙으면 당신은 좀 더 깊은 최면상태로 들어갑니다", "최면상태로 들어가면 오른팔이 내려갑니다", "오른팔이 내려감에 따라서 머리속이 텅 비워지게 됩니

다", "오른팔이 내려 온 순간에 당신의 몸은 풍선과 같이 가벼워
집니다", "오른팔이 완전히 내려왔습니다"

2) 감각지배 최면

① 미각지배 시술

"당신 눈앞에 아주 시큼한 포도가 한 송이 있습니다"

"그 포도를 입에 넣으면 아주 새콤한 신맛을 느낍니다"

"자, 한 개 집어서 입에 넣어 주십시오"

"아주 시큼하지요?"

피험자의 표정에 주의하고 암시에 반응하고 있는지 어떤지 조
사한다. 한참 기다려서 "어떻습니까, 아주 시큼한 맛이 나지요?"
라고 말을 한다. 수긍하는지 어떤지를 확인한다. 반응하고 있으
면 다음으로 진행하고 그렇지 않을 경우는 복식호흡을 시켜서 최
면을 깊이 하고 나서 또 한 번 행한다.

"먼저의 포도보다도 아주 시큼합니다."

"입가심으로 물을 한 잔 마십니다."

물을 주는 척 한다.

"시큼한 맛이 없어졌군요"

"내 말소리 밖에 들리지 않습니다."

"주위의 일은 아무 것도 마음에 걸리지 않습니다."

② 후각지배 시술

"나는 지금 아주 좋은 냄새가 나는 향수를 가지고 있습니다"

"내가 당신 코에 이 향수를 가깝게 가지고 가겠습니다"

"냄새가 나면 조용히 오른손을 들어주십시오" 라고 암시를 주고 손을 멀리에서 코에 가까이 가져다 댄다.

가까이 가져가면서 "아주 좋은 냄새가 나는 향수를 가까이 가져갑니다"

"점점 냄새가 나오고 있군요"

"이 냄새에 기분이 집중하고 어떤 냄새인지 잘 신경을 써 주십시오"

"점점 향수가 당신 코에 가까워졌습니다. 아주 좋은 냄새가 나는군요"

피험자의 표정의 변화를 주의하면서 5초 기다린다.

"아주 좋은 냄새지요?"

"이번에는 향수를 멀리해갑니다. 냄새가 사라져 가거든 조용히 오른손을 올려주십시오"

"점점 냄새가 사라져 갑니다"

"냄새가 없어집니다"

"이제는 냄새가 나지 않습니다"

오른손이 오르는 것을 확인한 후부터 다음으로 진행한다. 반응되지 않을 경우에는 이 시술을 보류하고 다음 번에 다시 해 보도록 한다.

③ 촉각지배 시술

"당신의 오른손에 주의를 해 주십시오"

"내가 당신의 오른손에 얼음 조각을 접근시킵니다"

"얼음이 오른손에 닿으면 아주 차게 느껴질 것입니다."

"오른손이 아주 차가워집니다"

"꼼짝 말고 오른손에 기분을 집중해 주십시오"라고 말하고 작은 돌 같은 것을 가지고 오른손에 가까이 한다.

"얼음이 가까워졌습니다. 차게 느껴져 옵니다."

"보세요, 점점 차게 느껴지지요."

"얼음을 오른손에 붙입니다" 라고 말하면서 작은 돌을 오른손에 접착시킨다. 너무 강하게 하지 말고 살짝 닿을 정도로 한다. 차게 느낄 경우에는 작은 돌을 떨어버리는 것 같이 하든가 손을 떼는 것 같은 반응을 한다.

"내 손을 당신의 오른손에 갖다 대면 지금까지의 차가움은 완전히 없어지고 아주 기분이 좋아집니다" 라고 말하면서 오른손에 닿은 차가움의 느낌을 없애준다.

④ 시각지배 시술

"당신은 지금 넓은 들판에 있습니다"

"먼데를 바라보십시오. 산이 엷게 흐려져 보이지요"

"하늘에는 구름 한 점 없고 한없이 높고 푸릅니다"

"들판 쪽을 봐 주십시오"

"매우 넓은 들판은 전체에 깨끗한 녹색의 잔디입니다"

"당신의 눈앞에는 꽃밭이 있습니다"

"거기에 아름다운 색깔의 꽃들이 여러 모양으로 피어 있습니다"

"색도 모양도 확실하게 보이지요"

"조용히 잘 봐주십시오"

표정에 주의하면서 5초간 기다린다.

"매우 아름다운 꽃이군요. 무슨 꽃입니까" 라고 질문을 던져본다.

이 때 대답할 경우가 있으며, 입을 그냥 우물우물 움직이는 경우도 있다.

"확실히 보이거든, 조용히 오른손을 올려 주십시오" 라고 하면서 반응을 확인한다.

⑤ 청각지배 시술

"멀리서 작은 새가 지저귀고 있습니다"

"귀를 기울이고 들어주십시오" 라고 해서 잠깐 동안 침묵시간을 둔다.

"작은 새 소리가 들릴 만큼 크게 되어옵니다"

"작은 새의 지저귐이 확실히 들려오는군요"

"점점 크게 들려오는군요"

"조용히 마음을 놓고 있으면 작은 새의 지저귐이 확실히 들려옵니다" 라고 해서 잠깐 기다린다. 표정을 주의한다.

"작은 새 소리가 들리면 조용히 오른손을 올려 주십십시오"라

고 해서 반응을 기다린다.

그것에 성공하면 "내가 네-라고 신호를 하면 작은 새 소리가 사라져 주위가 아주 조용하게 됩니다", "네-" "당신은 매우 기분이 편하게 됩니다"

새 소리에 대한 반응이 없을 때에는 별도로 시술을 행한다.

손목시계를 풀고 실제로 소리를 듣게 해서 반응시킨다.

그 때 멀리서부터 가깝게 해서 반응을 관찰하고, 다음에는 시계를 가깝게 하지 않고 암시만으로 반응을 관찰한다.

3) 기억지배 최면
① 망각 시술

당신은 양손으로 상대의 머리를 가깝게 짚고 "지금부터 내가 하나, 둘 하는 상태로 수를 열까지 세면서 머리를 이와 같이 좌우로 천천히 움직이게 합니다"

(실제로 해 본다)라고 한다.

"그렇게 하면 수를 헤아리는 데 따라서 셋을 세었을 때쯤 점점 자고 싶어집니다"

"다섯째가 되면 깊이 잠이 들어 버립니다"

"일곱, 여덟째쯤부터 머리 속이 무엇인가 가볍게 되어 여러 가지 기억이 점점 희미해져가는 것 같은 느낌이 됩니다"

"아홉 열까지 헤아려서 제가 네-라고 말하면서 손을 놓으면 당신은 이름을 완전히 잊어버립니다"

“좋습니까? 네- 그럼 수를 헤아립니다”

“하나, 둘, 셋, 점점 자고 싶어집니다”

“네, 매우 졸립니다. 깊은 잠에 들어갑니다”

“다섯- 푹 잠들어 버립니다”

“여섯, 일곱, 점점 머리가 멍청해 옵니다”

“여덟, 머리속이 텅 비어 갑니다”

“아홉, 기억이 희미해져서 흐려져 갑니다”

“열, 여려 가지의 기억이 완전히 없어졌습니다”

“자-, 손을 놓습니다”

“완전히 이것도 저것도 잊어버리고 생각해 내려고 노력할수록 기억이 없어집니다”

“아무래도 생각해 낼 수가 없습니다”

“손을 놓는 순간 전혀 잊어버려 아무 것도 생각해 낼 수가 없습니다”

“자- 손을 놓습니다”, “예-” 여기서 조용히 손을 뗀다.

“당신의 나이는 몇입니까?”

“생각해 내려 해도 아무리 해도 생각해 낼 수가 없습니다”

“당신의 이름은?”

“잊어버려서 생각이 나지 않습니다”

“당신이 나이와 이름을 말해 주십시오. 생각해 내려고 해도 생각해 낼 수가 없습니다”

잠시 후 망각 여부를 확인한다.

"잠깐 이대로 해서 두면 몸의 피로가 가서 마음은 맑아지고 아주 기분이 편하게 되며 행복감으로 꽉 차게 됩니다"라고 말하면서 잠시 시간을 두고서 망각 암시를 푼다.

"제가 손을 가볍게 두들겨 가면 당신의 기억은 점점 확실해 집니다"

"기억이 확실하고 머리가 상쾌합니다"

② 망각 및 후최면 암시

"당신은 내가 손을 두들기는 소리를 듣고 있으면 기분 좋게 잠이 깨어집니다"

"제가 네 라고 신호를 하면 확실하게 잠이 깹니다"

"잠이 깨도 지금까지의 일은 어느 하나 생각해 낼 수는 없습니다"

"지금까지의 사이가 자고 있었던 것 같은 느낌이 되어 생각해 낼 수가 없습니다"

잠시후, "당신이 잠을 깬 후 내가 당신 이마에 손을 짚으면 매우 좋은 기분에서 재차 최면상태에 들어갑니다" 라고 이것을 두 번 되풀이한다.

"이번은 지금까지보다 깊이 잠들어서 의식은 빨리 없어지지만 제 말만은 잘 들립니다"

"언제든 내 손을 당신의 이마에 대면 당신은 깊게, 빨리, 최면상태에 들어가서 마음이 아주 편하게 됩니다"

그 다음 각성법에 따라 최면에서 깨어나게 한다. 최면에서 깨어 난 것이 확인되면 잠시 후에 당신의 손을 피최면자의 이마에 대어 재차 최면상태로 들어가는가를 확인한다.

(본 "최면시술의 실제"는 유한평의 '최면의 이론과 실제'의 '최면 시술 패턴' pp. 39-45을 요약 발췌한 것이다).

(5) 각성

　전에는 최면을 시켜 놓고 깨우지 않으면 큰 일이 나는 줄로 알았으나, 요즘은 그렇지 않다. 그대로 두면 시간이 걸리기는 하지만 차츰 최면의 심도가 낮아져서 저절로 깨어나게 된다.

　그러나 최면 중에 필요한 암시를 주고 모든 반응을 일으켰으면 이제 깨울 필요가 있다.

　「자, 이제 조금씩 잠에서 깨어나기 시작한다. 점점 정신이 들고, 점점 피가 머리로 다시 올라와서 기분이 상쾌해진다. 그리고 점점 잠에서 깬다. 자, 내가 하나, 둘, 셋을 세면 눈이 점점 벌어져서 눈을 뜨고 잠을 완전히 깬다. 자, 그럼 정신이 든다. 하나… 점점 잠이 깨어지고 눈이 떠진다. 기분은 더욱더 상쾌해진다. 둘… 자 깨어라. 완전히 깨어라. 셋!」

　「셋」 소리는 좀 강력하게 한다. 만약 이래도 깨지 않으면 흔들어서 깨울 수도 있고 눈을 비벼서 눈을 뜨게 할 수도 있다. 물방울을 몇 알 떨어뜨리는 방법도 있으나 깜짝 놀라 깨므로 머리가 아플 수가 있다.

특히 조심할 것은 깨우면서 기분이 상쾌하다는 암시를 잊지 말
일이다.

「자, 이제 깨어 일어납니다. 일어날 때는 온 몸이 상쾌하고 기
분은 가뜬합니다. 낮잠을 한잠 자고 난 것처럼 온 몸의 피로는 가
뜬히 풀리고 기분이 좋습니다.」

4. 자기최면

(1) 자기최면이란 무엇인가?

최면은 내가 남을 유도할 수 있을 뿐만 아니라 자기가 자기 자신을 유도할 수도 있다. 전자를 타인최면, 후자를 자기최면이라고 말한다.

「자기 자신이 암시자이며 동시에 피험자일 겨우, 다시 말하면 자기가 자기에게 주는 암시를 자기암시라 하며, 그 암시에 의해서 일종의 최면상태에 이르는 것을 자기최면이라 한다.

그러데 실상 우리는 모두가 자기암시를 의식적이든 무의식적이든 주고 있는 것이 사실이다.

"아이, 나는 왜 이따위로 성격이 못돼 먹었을까?"

이렇게 자신을 버릇처림 질책하기를 계속하는 사람은 그 말이 자기암시가 되어 실제 그 못돼먹은 성격은 고질화(固疾化)되어 버린다.

"난 못생겼어!"

이런 생각을 늘 하고 있는 사람은 어디서나 얼굴을 바로 들지 못하고 열등의식에 사로잡힌다. 모두 자기암시의 해독을 입은 사람들이다.

"난 이 성급한 성격 때문에 큰 일이야! 고치려고 해도 영 고쳐지지가 않거든"

이렇게 생각하고 있는 동안 그는 그 급한 성격을 고칠 수가 없다.

차라리 이런 식의 부정암시 또는 부정적인 관념을 자기의 잠재의식에 주느니 보다는 다음과 같은 긍정암시를 주어 보라.

"내 성격은 독특해서 누구나 호감을 갖거든. 아니, 호감을 가질 수 없는 성격이라면 호감을 갖게끔 내 성격은 점점 향상되어 간다. 암 향상 되고말고! 우선 급한 성격이 침착하게 된다. 급한 성격이 침착해진다"

이런 식으로 무한히 자기에게 재확인, 재강조를 해 보라. 정말 대단한 변화가 실제 생기리라.

자기암시란 자기가 자기에게 주는 말만을 뜻하지는 않는다. 자기 마음속에 품은 어떤 생각도 모두 자기암시인 것이다. 따라서 우리는 자기 안에 품은 생각을 긍정적으로 가질 필요가 있다」(김한강, 최면술과 그 활용, pp. 433,434).

자기최면은 이 암시를 적극적으로 하여 스스로 최면상태에 들어가는 것이다.

「자기최면에는 최면자와 피험자의 구별이 없고, 자기가 자기를 유도해야 하기 때문에 타인최면의 경우와는 유도법에 다소 차이는 있지만 유도되는 최면상태는 같다.

타인최면 유도법은 피험자에게 암시를 수용하는 자체를 갖추게 하는 것에서 시작되는데 이 점은 자기최면에서도 마찬가지이다. 관념운동을 이용해서 주의 집중을 도모하고 피암시성을 높이는 점도 같다. 다만 틀리는 것은 타인최면서는 관념이 시술자에 의하여 갖게 되지만 자기최면에서는 자기가 그 관념을 갖는 점이다.

최면은 암시된 관념에 주의가 집중된 상태이지만 그 주의집중에 본인의 노력이 수반되어서는 최면상태에 들어갈 수 없다. 피동적(수동적) 주의집중이 아니면 최면상태가 될 수 없다.

타인최면에서는 암시를 순순히 받아들일 수만 있으면 자연히 주의집중이 되지만, 자기최면에서는 스스로 암시를 주어야 하기 때문에 자기 노력이 수반되어 처음에는 피동적으로 되기가 어려운 점이 있다. 자기최면의 비결은 의식적인 주의집중을 피하고 자연스럽게 암시의 실현을 기다리는 것이다.

가령, 자기 자신이 정한 암시라도 그것을 순순히 받아드려 실현을 기다리는 심정이 되면 자연스럽게 주의가 집중되어 최면상태로 들어가게 된다」(유한평, 최면의 이론과 실제, p.46).

◉ 자기최면 시의 유의 사항

초보자 중에는 연습 중에 사람이 출입하면 마음이 산만해지는 수가 있기 때문에 조용하고 아늑하며 따뜻한 곳이 좋다. 자세는 좀 오래 앉아 있어도 불편하지 않은 편안 자세를 취한다.

양복의 경우는 상의를 벗고 셔츠나 세타를 입은 채로 놓아두고 혁대를 좀 풀어놓는다. 와이셔츠일 때에는 넥타이를 풀고 안경, 시계 따위도 벗어 놓는다.

잠자는 자세인 경우에는 자기 전이나 아침 일어나기 전이 편리하며 그 밖의 경우라면 식사 후 조금 휴식한 후가 적당하다.

(2) 자율훈련(Autogenes Training)이란 무엇인가?

베르린의 술츠 박사가 개발한 자기최면법이다. 그는 최면상태의 공통적인, 주관적인 느낌은 다음과 같다고 결론을 내렸다. "① 팔다리가 무겁다. ② 점점 범화하여 가는 따뜻한 느낌이 생긴다". 그리고 그는 "첫째는 신체의 이완에서, 둘째는 신체의 이완이 되는 중 심리적 해방감이 더하여짐으로 느껴지는 것이다. 그것은 최면 시 수반하는 생리, 심리적 조건이다" 라고 하였다. 술츠 박사는 이 무거운 느낌이나 따뜻한 느낌을 자기 자신이 신체 부위에 주의를 매개로 하여 일으키는 방법을 연구하였는데, 이것이 바로 자율훈련법이다.

자율훈련의 목표는 이완을 잘 시키는 데 있다. 각 단계의 연습을 통해 점진적으로 심리적 내지 생리적 긴장을 완화시키는 한편 내적 이완을 토대로 하여 연습자가 전반적으로 정신, 신체적 재체제화를 달성시키는 데 있다. 외계로부터 단절된 인식 하에 공식에 의거 신체 내면으로 집중을 추진해가면 점차로 수동적 주의집중 상태로 들어가게 되고 심신이 평정된 상태에 도달하게 된다.

그리하여 정상적인 연습자의 경우에는 심리적 생리적 제기능이 발달되고 개선되어 어떤 상황에서도 잘 대처할 수 있는 적응력을 지니게 되고 자기 규제력의 증가, 통찰력의 함양을 가져 오게 한다.

자율훈련을 하는 데는 수동적(피동적) 주의집중이 필수다. 그것은 되고 안 되는 것을 별로 중요시 하지 않는 태도다. "되면 좋은 것이고, 안 되도 상관없다"는 마음가짐이다. 그것은 무심한 기분, 아무렇지도 않는 태도로 계속 기다리는 자세다.

◉ 표준연습 공식 요약

1. 중감연습 공식 : 양팔 양다리가 (매우) 무겁다.
2. 온감연습 공식 : 양팔 양다리가 (매우) 따뜻하다.
3. 심장조정 공식 : 심장이 조용히 규칙적으로 뛰고 있다.
4. 호흡조정 공식 : 편하게 호흡하고 있다.
5. 복부연습 공식 : 태양신경총(신경이 모인 곳)이 따뜻하다.
6. 두부통제 공식 : 이마가 차갑다(시원하다).

◉ **특수 암시를 준다.**

특수 암시는 표준연습을 행한 후 각성하기 전에 각자에 맞는 것을 부여한다. 아래의 것은 수면장애의 경우의 예이다.

① 마음이나 몸이 완전히 이완되어 오늘밤부터 푹 잘 수가 있다.
② 비록 잠이 안 들어도 아무렇지도 않다. 언젠가는 잠이 올 것이다.

(3) 명상연습

어떤 바라는 것을 생각하면서 주의집중을 함으로 마음속에 심상화한다. 처음에는 희미하나 나중에는 확실해진다. 그 종류는 색채, 사물, 장면, 정동, 경험, 인물, 자기-관조 등이다. 이것은 어떤 것의 이미지를 심상화 하는 것으로 자기최면의 일종이다. 사실 모든 종류의 명상은 자기최면의 방법으로 자기 속에 그 내용을 심상화 하는 것이다.

◇ 장면, 정동, 경험

넓고 넓은 바다를 바라 보고 있을 때에 경험한 기분과 같은 개괄적인 감정 상태로 주의 집중하는 것에서 시작하여 과거의 경험, 원망의 세계 등이 심상시 되지만 감각의 내용은 연습자의 선택에 맡기는 것이 좋다.

◇ 자기 관조

"무엇을 하고 싶은가" "나에게 어떠한 결점이 있는가" "나는 누구인가"라는 식으로 자신에게 질문을 물으면서 자연히 나타나는 이미지를 보는 것이다. 여기에는 개인차도 크고, 경험은 아주 각양 각색이다. 신경질적인 사람인 경우에는 콤플렉스와 연관된 심리적 역동적인 문제가 여러가지로 나타난다.

(4) 자기최면의 원리를 이용한 자기개선 및 치료를 위한 프로그램

1) 긍정적 암시

누구나 암시성을 가지고 있다. 피암시성이 높은 사람일수록 암시에 걸리기 쉽다. 아이들은 피암시성이 상당히 높다. 피암시성을 높일 수 있는 방법은 반복이다. 피암시성이 높은 때에 좋은 암시를 많이 받으면 바람직한 품성을 지니게 되고 성공적인 삶을 살게 된다. 긍정적 암시는 긍정적 사고, 삶을 형성하고 감사하고 나아가게 된다(긍정적 암시의 반복은 긍정적 명상을 하는 것과 같다).

2) 앵커링(anchoring)

어떤 긍정적인 사실이나 감정을 마음속으로 재현하여 최고의 상태에 이르게 한다(닻 내림, 정박). 그 때 자기만이 아는 독특한 동작을 한다. 그러면 그 절정의 감정이 더욱 강화, 계속된다. 그 것이 절정상태로 가다가 다시 약하여지기 직전에 그 행동을 그친다. 여러 번 반복한다. 나중에는 그 동작만으로 그 절정 상태가 된다. 이것으로 그 긍정적인 충만한 상태를 만끽하며, 상대적으로 부정적인 사건, 감정 등을 약화시키거나 소거할 수 있다.

3) 인터그레이션(intgration)(완성, 합동)

우리는 상반된 두 마음의 갈등을 조절하지 못해서 괴로워할 때
가 많다(예-긍정적으로 나가고 싶으나 부정적인 쪽으로 기울어
진다). 먼저 부정적 이미지를 왼 손 위에 놓고 형상화 한다(시각
적으로 모양, 크기, 색상, 무게 등을 떠올린다). 왜 그런 행동을
하는지 마음의 소리를 들어본다. 다음으로 긍정적 이미지를 오른
손 위에 놓고 형상화한다. 왜 그런 행동을 원하는지 마음의 소리
를 들어본다. 양 손을 서서히 접근시켜 합장시키고 통합 이미지
를 만든다. 새 이미지를 잘 모신다.

4) 엑셀런트 서클(excellent circle)

(소망을 이루게 하는 충만한 힘이 담긴 마법의 둥근 고리)

성취하고 싶은 목표를 구체적으로 정립하여 언어화한다. 과거
의 좋은 일을 택하여 그 마음속에 충만한 상태가 되도록 한다. 엑
셀런트 서클을 만든다. 앞서 택한 것을 다시 충만케 한다. 엑셀런
트 서클 속으로 껑충 뛰어 들어간다. 거기서 앞서 체험을 두 번 더
반복한다. 충만한 기분은 두고 뒤로 물러 나온다. 들어가기만 하
면 충만한 상태가 된다. 앞으로 닥칠 힘든 상황을 떠올린다. 동시
에 엑셀런트 서클 속으로 들어간다. 불안감은 사라지고 자신감이
넘친다.

5) 지각 위치 바꾸기 문제해결법

자기와 문제가 있는 사람을 정한다. 그를 상상으로 맞은 편 의자에 앉히고 대화한다. 먼저 자기가 할 말을 한다. 그 다음에 위치와 입장을 바꾼다. 이번에는 자기가 그 사람이 되어 자기에게 할 말을 한다. 그 후 또 바꾸어 자기가 그 사람에게 할 말을 한다. 이렇게 먼저 내 입장에서 나의 할 말을 하고, 그 다음에 상대방의 입장에서 할 수 있는 상대방의 말을 듣는다. 그런 다음에 앞으로의 일을 생각해 본다. 이렇게 함으로 상대방을 이해하고 용서하게 된다.

6) 나를 확 바꿔주는 심리 테크닉

(ㄱ) 일순간에 문제를 해결할 수 있는 테크닉들

    ㉠ 불쾌한 일은 방관자로 보고, 유쾌한 일은 당사자로 본다(스크린법).

    ㉡ 불쾌한 사건을 흑백의 스크린법으로 방관자적 입장에서 보고 거꾸로 화면을 본다.

    ㉢ 두렵거나 부담스러운 상대는 대하기 편안한 인상으로 형상을 바꾼다.

    ㉣ 유쾌 체험을 활성화하여 불쾌체험을 없앤다.

    ㉤ 불쾌사건은 자꾸 자꾸 어둡게 하여 없애 버린다(밝기 체인지).

ⓗ 유쾌 사건은 밝게 하여 자꾸 강화시킨다(생생한 컬러 화
면으로 선명도 조절)

ⓢ 불쾌한 일은 크기를 점점 작게 하여 없애버린다(크기 변환)

ⓞ 유쾌 기분을 즉시 불러오는 앵커링 법.

ⓩ 불쾌 기분을 즉각 소멸시키는 앨커링 법.

7) 자기 조정법(생리적 효과)

훈 련 공 식	적 응 증
• 이마가 차고 기분이 좋다. • 머리가 맑고 가볍다. • 심장이 조용히 규칙적으로 뛰고 있다.	고혈압
• 머리가 기분 좋게 가볍고 맑다. • 목뒤가 기분 좋게 따뜻하다.	뇌 손상
• 따뜻하여 잠이 온다. • 잠을 못 자도 염두에 두지 않는다.	수면장애
• 코가 따뜻하다 • 귀가 따뜻하다	동상
• 심장이 조용히 규칙적으로 뛰고 있다.	협심증
• 방광이 따뜻하다.	야뇨증
• 항문이 따뜻하다. • 골반이 따뜻하다.	치질
• 좌우 손등이 아무렇지 않다.	동통(疼痛)

• 눈이 차갑다.	화분열, 기관지 천식
• 눈꺼풀이 차갑고 저려 온다.	고초열
• 코가 차다.	화분열 · 혈관운동 기관지 천식 · 신경성 비염
• 다리가 무겁다.	극도의 안면 긴장
• 입과 인후가 차다.	점막종양
• 인후가 차다. • 가슴이 따뜻하다.	기침
• 가슴이 따뜻하다. • 폐가 무겁다. • 폐가 따뜻하다.	기관지의 기능 장애와 그 병리 반응
• 왼쪽(오른쪽)폐가 따뜻하다.	폐결핵
• 폐가 따뜻하다. • 목이 차다. • 가슴이 따뜻하다. • 조용히 호흡을 하고 있다.	기관지 천식
• 목이 따뜻하다. • 마셔 넘기는 것은 아무것도 아니다.	연하장애(嚥下障碍)
• 목뒤와 어깨가 따뜻하다. • 발이 따뜻하다.	적면(赤面)

8) 자기 단련법(심리적 효과)

• 약에 의존하지 않아도 상관없다. • 기후가 달라져도 상관없다.	기관지 천식
• 음식을 삼키는 것은 관계없다.	연하장애(嚥下障碍)
• 소변이 마려우면 반드시 잠이 깬다. • 잠이 깨면 … 화장실에 가고 … 또 잔다.	야뇨증
• 지금 피곤하여 잠에 빠져버린다.	자위
• 언제 어디서 어떠한 일이 있어도 술은 한 방울도 절대 마시지 않는다. • 남들이 마셔도 나는 아무렇지 않다	알코올 중독
• 언제 어떤 자리에서도 어떠한 일이 있든 담배는 한 모금도 피우지 않는다. • 남이 피워도 나는 아무렇지 않다.	흡연
• 나는 매일 학교에 간다. • 학교에 가지 않으면 걱정이 된다. • 나는 학교생활에 적극적이 된다.	학습, 그 밖의 학교 적응
• 0시가 되면 반드시 잠이 깬다	지정한 시간에 깨어나기

◉ **최면 심리치료에 대한 오해와 진실성**

– 마술이 아닙니다. 마음 치료술입니다 –

서울 강남구 대치동의 한 정신건강 클리닉에서 여고생 기모 (17)양이 카우치(최면용 특수 소파)에 누워 있다. 김 양은 시험만 보면 마음이 불안해져서 실력을 제대로 발휘하지 못할 때가 많았다. 김 양은 심리적 불안을 해소하기 위해 이 클리닉 채인영 원장의 주문에 따라 최면 치료를 받기 시작했다.

채 원장은 김 양에게 벽 한 곳에 시선을 고정하고 계속 쳐다보게 한 뒤 양손을 앞으로 나란히 뻗은 다음 양손 사이의 공간을 응시한 후 눈을 감도록 했다. 채 원장은 "이는 최면 치료를 위한 전 단계로 최면을 유도하는 과정"이라면서 "최면 유도는 정신을 집중시켜 몰입 상태를 만들기 위해 필요하다"고 말했다.

최면 유도가 끝나자 원장은 김 양에게 '당신은 시험 볼 때 편안한 마음을 유지할 수 있습니다' 라는 식의 암시를 주며 치료를 했다. 한 시간 정도 치료가 끝나자 채 원장은 10까지 세면서 김 양에게 깨어나도록 각성을 시켰다. 최면에서 깨어난 김 양은 "평소에 불안하던 마음이 편안한 상태로 바뀌었다"면서 "최면은 몽유병처럼 잠을 자는 걸로 생각했는데 의사가 말하는 소리가 아주 또렷하게 잘 들릴 정도로 깨어 있었다"고 말했다.

● **의식 깨어 있는 고도의 정신집중 상태서 '암시' 넣어**

최근 최면에 관심을 갖는 사람들이 늘고 있다. 과거엔 최면 치료를 받는다고 하면 심각한 정신적 문제를 가진 사람이라고 생각 했지만 요즘은 금연, 직장인 스트레스 치료에도 폭넓게 사용되고 있다.

1958년 미국에서 시작된 최면 요법은 1987년 국내에 정식으로 도입됐다. 현재 100여 명의 신경정신과 의사가 최면학회를 만들어 최면 요법을 심리 치료에 활용하고 있다.

이들은 최면에 대해 일반인들이 잘못 알고 있는 것들이 많다고 지적한다. TV오락 프로그램에서 최면에 걸린 연예인이 꿈을 꾸듯이 돌아다니거나 최면자가 시키는 대로 무조건 따라 하는 것을 볼 수 있다. 이는 두 가지 경우다. 실제로 최면에 강하게 걸려 있거나, 아니면 오락 프로그램의 특성상 과장된 연기를 하는 것이다. 방송특성상 후자가 대부분이다.

최면 전문가인 변영돈 신경정신과 원장은 "최면은 마치 영화관에서 영화에 집중하면 옆 사람이 말을 걸어도 들리지 않거나 공부에 집중하면 옆에서 불러도 전혀 모르는 것과 같은 이치"라고 설명했다. 또 최면에 걸리면 자신의 의지와 상관없는 행동을 하는 것으로 생각하기 쉽지만 그렇지 않다 실제로 최면을 받는 사람의 의식은 깨어 있는 상태다.

최면 상태는 수면 상태와는 다르다. 최면은 고도로 정신 집중이 된 사태이기 때문이다. 간혹 최면에 걸리면 마음이 편안해져서 잠드는 경우가 있어 의사가 깨우기도 한다.

● 만성질환 통증 조절 - 시험불안증 등에 효과적

최면을 받기 전에 먼저 자신이 최면에 잘 걸리는 유형인지 알아보는 최면감수성 검사를 받는다. 책이나 영화 내용에 쉽게 몰입하고 연애에 잘 빠지는 사람일수록 최면에 잘 걸린다. 상상력이 풍부하고 상상할 때 영상이 선명한 사람도 최면감수성이 좋다. 성인보다는 청소년이 최면에 잘 거리며, 지능이 높으면 최면 감수성도 높은 경향이 있다. 대개 10명 중 4명은 최면에 안 걸린다.

변 원장은 "최면의 효과는 대부분 의사의 치료 방법과 의사에 대한 환자의 신뢰에 따라 결정된다" 면서 "최면 감수성이 높고 자기 최면을 열심히 하면 최면 치료를 1회 정도로 끝낼 수 있다" 고 말했다.

최면 치료를 받는 사람은 다양하다. 암이나 만성질환에 따른 통증을 조절하거나 시험불안증, 대인공포증, 무대공포증, 스트레스 등 정신적 불안이 있을 때도 효과적이다.

무대에 오르는 일이 많은 음악가들은 사전에 최면을 통해 뇌세포의 흥분을 중화시켜 주면 실제로 연주를 할 때 심적으로 편안한 상태를 갖게 된다.

대개 최면 치료는 10~12회 받게 되는데 4, 5회만 받아도 좋아지는 사람이 있다. 한 번 최면 치료를 받는 데 1시간 정도 걸린다.

채 원장은 "최면은 각박하게 살아가는 현대인이 꿈을 찾는데 도움이 된다"면서 "최면은 자신의 깊은 내면을 들여다보게 해서 자신에게 숨겨진 꿈을 찾아내 끝까지 밀고 나갈 수 있도록 해 준다"고 말했다(동아일보, 2008. 3. 12).

주요 최면치료 전문병원

병 원	진료의사	문 의
변영돈신경정신과	변영돈	02-563-9937
여수 전남병원정신과	류재형	061-640-7150
미소진 신경정신과	서경란	02-952-3838
포천중문대 구미차병원 정신과	성형모	054-450-9678
생각과 느낌	손성은, 채인영	02-555-4638
계요병원	손인기	031-455-3333
아이행복정신과의원	송창진	053-745-5275
축령신경정신과	신수진	031-594-0304
용인정신병원	이정식	031-288-0114
관동대학교 명지병원 정신과	이준석	031-810-5417
부산 동아대병원 정신과	최병무	051-240-2973
홍신경정신과	홍기선	02-815-8383

Ⅱ. 최면술의 종교적 이용

[기독교를 중심으로]

최면이라는 말은 잘못 이해되고 오해되는 경우가 너무 많다. 대부분의 사람들은 알아보지도 않고 잘 모르면서 그렇게 한다. 그저 마술, 요술 정도로 생각하고 아주 이상한 것으로 생각하여 무조건 겁을 내는 사람도 많다.

종교에서는 더욱 그러하다. 최면은 아주 불건전하고 사악하며 마귀적인 술수라고 생각하여 종교 예식에서의 사용은 절대 불가하다고 생각하는 경향이 아주 강하다.

그러나 근래에 와서 최면은 많은 오해를 극복하고 많이 보급되었다. 많은 사람들이 여러 분야에서 체계적으로 연구하고 가르치고 실행하였다. 그 결과 많은 오해가 사라지고 건전한 이해가 자리잡게 되었다.

그러나 종교, 특히 기독교에서는 그렇지 못하다. 상당수의 지도자들이 최면술을 사용하면서 덕을 보나 철저하게 숨기고 있다. 여전히 각 종교에서는 최면을 불건전한 술수라고 보면서 무시한다. 만일 최면을 사용하는 사실이 드러난다면 사이비로 몰리고 매장될 수 밖에 없다.

최면 중 타인최면은 타인의 마음을 암시로 조종한다. 피암시자는 얕은 최면에서는 아직도 의식이 남아 있어서 잘못된 암시를 거부할 수 있다. 그러나 깊은 최면에서는 의식이 거의 사라지게

되므로 잘못된 암시도 거부하지 못하고 받아들이게 된다. 그 때
에 암시자가 악한 의도로 한다면 피암시자는 악하게 조종될 수
있다. 그러한 예는 실제로 있다.

◉ 최면술로 인한 성범죄(性犯罪)

E 부인은 최면상태 아래 마이엘 의사의 암시에 의해 꿈처럼 그
정경(情景)을 볼 수 있었다. 「1930년 가을이었어요. 화요일 이었
던가 저녁 9시쯤 되었지요. 베르켕 의사는 제 손을 붙잡고 〈자,
같이 가시지요. 주위는 어둑어둑해집니다. 곧 아무것도 안보이게
되겠지요. 제가 모셔드리겠으니 따라 오십시오.〉라고 말했습니
다. 저는 정말 눈을 뜨고 있었지만 아무것도 보이질 않았습니다.
뜻밖이었어요. 자꾸자꾸 걷기만 하였습니다만 주위는 밤과 같았
어요」

그러자 마이엘 의사는, 「무슨 거리에 있었는지 알 수가 없습니
다. 전차의 노선도, 집들도 상가들도 잘 보이질 않습니다. 어디에
있었는지 이야기 하십시오」라고 유도했습니다.

부인은 그래도 「모르겠어요. 자꾸만 우리는 길을 걸었어요. 그
사람은 〈당신은 지금 자신이 어디에 있는지 모를 것입니다. 당신
은 나하고만 같이 있으면 됩니다. 조금도 무서워 하지 마십시오〉
라고 말했습니다」고만 하였습니다.

E 부인은 계속 이야기하다가 문득 중단하고 잠시 머리를 움직
거리고는 「손으로 무엇인가를 막는 시늉을 하면, 그 사나이는 제

이마에 손을 얹었습니다. 〈안락 침대에 누우십시오. 치료를 해야 하겠습니다. 조용히 잠드십시오, 조용히 잠드십시오〉라고 말했습니다.

그래 저는 정말 잠이 들어 버렸습니다. 〈당신은 무슨 일이 일어났는지 도무지 기억을 못하게 됩니다〉 그 사람의 말소리만 들렸습니다」라고 했습니다. 부인은 여기에서 다시 머리를 흔들고 무엇인가 두 손을 받드는 시늉을 하며 드디어는 흐느껴 울기 시작하였습니다. 마이엘 의사가 이야기를 계속하라고 독촉을 하자,

「… 그 사람은 〈지금 당신이 무슨 일을 당했는지 아느냐〉하며 물었습니다. 그 때 저는 아무런 대답을 할 수가 없었습니다. 그러나 지금이라도 당장 답변할 수 있습니다. 제가 침대 위에 누우려 할 때 그 사람은 키스를 하려고 했습니다. 저는 밀쳐 버렸습니다. 그리고 소리를 지르고도 했지만 도무지 말이 나오질 않았어요. 그저 몸은 움츠리고만 있었지만 그것은 아무런 도움이 되지 못했어요. 그 사람은 제 몸을 쓰다듬으며 무릎을 뻗게 만들었습니다. 〈당신은 깊은 잠에 빠졌소. 말도 하지 못합니다. 꼼짝도 하지 못합니다.〉라고 말했지요. 제 손을 뒤로 하여 꾹 누르고는 〈당신은 움직이지 못한다. 당신이 눈을 떴을 때에는 이미 아무것도 기억해 내지 못할 것이다〉라고 말했습니다.

저는 그 일을 오랫동안 잊었었지요. 기억할 수 없었던 것입니다. 그러나 지금은 그 모든 것이 뚜렷이 기억에 남습니다. 최면술로서 기억할 수 있었던 거지요… 그 사람은 부끄럽게도 저를 소

유한 것입니다」

　부인은 몹시 흐느껴 울며 안정하지 못하였습니다(최면기술입
문, pp. 53,54).

　어떤 사악한 종교지도자들은 최면을 이용하여 잘못된 악한 짓
들을 하기도 한다. 그래서 건전한 최면도 설 땅을 잃는다.

1. 기원

최면의 기원은 유사 이전부터 시작되어 의료나 종교에 이용되어 왔다. 고대 이집트의 조각이나 기원전 10세기의 그리스 조각에 그려진 최면상태로 유도하고 있는 모습이 그것을 입증한다.

「옛날 종교가의 전기를 보면 그들 중에는 자기는 그것이라고 의식치 못하고 최면술을 익혀서 기술이 극에 도달했다고 생각되는 사람도 있습니다. 예를 들면 ○ ○ ○나 구마이, 니찌렌 등이 바로 그렇습니다. 과학적 방법으로 최면술을 연구하기 시작한 것은 19세기 중엽부터지만 최면이라는 상태의 문제는 원시시대로 알려져 있어 종교, 또는 의학에서 여러 가지 형태로 사용되고 있습니다.

원시족에서는 정치, 군사 외에도 추장이 종교와 의료도 겸하여 관리하는 것이 보통입니다. 미국의 인류학자 중에는 종교와 의료에 최면술 같은 기술이 이미 구석기시대부터 사용됐다고 주장하는 사람도 있습니다. 원시족에는 추장과 다른 의사나 사제도 따로 있지만 대체로 이런 기술을 가진 사람은 의료, 종교 외에도 여러 사람의 추천으로 추장이 되고 권력을 쥐기 마련입니다.

고대에 있어서 최면이라는 것은 종교, 의술과 연관되어 있습니다. 고대인은 최면이라는 것은 종교, 의술과 연관되어 있습니다. 고대인은 최면현상을 신탁으로 받고 암시에 의해 치료를 했기 때문입니다. 이집트의 세라피스 전당. 그리스의 테르하이 신전 등은 이러한 이유로 건축되었고 로마의 에자언과 「神의 소리」 등도 알고 보면 최면현상인 것입니다.

인도의 바라몬교에서 이루어지는 「요가」는 자기최면의 일종이지만 불교에 편승되어 「라선」이라는 것이 되었고 요가의 비슷한 형식인 중국의 「태식법(胎息法)이라고 불리며 백은선사의 내관법(內觀法)은 라선을 누워서하는 형식으로 바꾼 것이라고 할 수 있습니다. 이러한 모든 것들은 정신의 수양과 치료를 위하여 최면술을 사용한 것입니다」(최면시술입문, pp. 36,37).

종교에서의 최면의 기원은 원시종교에서 부터다. 최면 자체가 모든 의료나 종교에 사용될 목적으로 시작되었다. 그때가 바로 원시시대다. 이렇게 최면은 처음부터 종교와 함께 하였다. 많은 종교행사는 최면적인 것으로 진행되었다. 오랜 역사를 거치면서 그러한 요소는 점차 줄어들고 있으나 아직도 그 흐름은 무시할 수 없다.

2. 각 종교에서의 실제

(1) 불교

「불교는 최고 명상의 종교다. 명상으로 심화하고 그 맥이 이어진다. 명상의 가치는 궁극적, 근원적인 진리를 체험하는 것이며, 심리적 안정, 건강 등은 부수적인 것이다. 그리고 명상은 대중에게 적합하고, 선은 구도자에게 적합하다.

존재의 근원(보편자, 본성, 창조성, 신)-가장 근원적인 본질-은 원초적인 의지(변화에 적응하여 개체가 되고자 하는 의지)에 의해 개별자(현상, 삼라만상)가 나온다. 이것은 다 본성을 소유하고 있으며, 본성으로 돌아가려고 한다(예, 바닷물과 파도). 어떤 변화가 있을 때 그것에 휘둘리지 말고 주시자(순수의식, 속의 궁극자의 본성)-남의 집의 불구경하는 것-가 되라. 모든 변화에서 초월이 가능하다.

명상은 주시자가 되는 것, 곧 본성에 또렷이 깨어 있는 상태가 되는 것, 내 속의 본성으로 돌아가는 것이다. 개별자의 의식, 지식, 소질, 성향을 버림으로 소아(개발자)를 탈피하여 대아(본성)를 체험하는 것이다. 그런데 이것을 구현하는 방법은 주로 바른

 기독교를 중심으로

자세와 복식호흡으로 이루어진다. 호흡의 수를 세고(수식), 마음이 호흡을 따르고(상수), 마음이 그치는 단계(정지)에 이르러, 본성을 보고(관), 거기에 이르러(환), 조용히 거한다(정)」(전용복, 묵상과 평강, pp. 81,82)

☆ 그런데 불교의 명상은 그저 주시자가 되어 아무것도 생각지 않는 것이라 하나, 주시자가 되는 것은 본성에 또렷이 깨어 있는 상태가 되는 것, 내 속의 본성으로 들어가는 것이라 하므로, 그것은 불교 교리(범신론)의 철저한 내면화, 의식화다. 그 교리 외의 것은 철저히 생각지 않고 오직 그것에만 모든 의식을 집중하여 내면화 하므로 깊은 최면상태로 들어가는 것이다. 우리가 한 가지에만 깊이 의식을 집중할 때 의식은 점점 좁아지고 잠재의식이 살아나 최면상태가 된다. 그러니 불교는 최면을 가장 중하게 여기고 실행하는 종교다. 승려들은 날마다 최면의 심연에 빠진다.
고목은 "명상 그 원리와 수련법"(pp.174, 175)에서 마지막으로 다음과 같이 말하였다.
「이렇게 순일한 정진이 잘 진전되면 얕은 깨달음의 단계를 거쳐서 점점 높은 단계에 이르게 되고, 마침내 궁극적 경지를 성취하게 된다. 무상(無常), 무아(無我), 공(空)을 분명하게 보아 의심스러운 것이 없고 보았다는 것마저 잊은 채 공이 되어 본성을 행하면, 그는 지극한 복덕의 경지를 얻고, 위없는 지혜를 행하는 궁극자가 된 것이다」

이것은 지독한 망상이다. 자신들의 교리를 암시로 하여 깊은 체면상태가 되어 신이 된 것처럼 착각하는 것이다. 최면상태의 황홀감을 복덕의 경지로 착각한다.

(2) 불교적 요가

그 다음에 불교적 요가에 대하여 말하고자 한다. 불교 명상은 기법에 불교사상이 깔려 있다. 그러나 불교적 요가는 그것이 부족하다. 불교적 명상은 근원을 깨달은 후 현세서 이타적 봉사를 강조한다. 그러나 불교적 요가는 그것을 무시한다.

불교적 요가에서 하는 것 중에 "제 3의 눈"이란 것이 있다. 이해를 위하여 그 설명을 인용하고 평하고자 한다.

제 3의 눈 미간(眉間)

미간(眉間)에 집중하고 마음을 사념이 일어나기 전의 상태에 있게 하라. 정수리까지 호흡의 정수(精髓:Prana)로 가득 차게 하라. 그리고 정수리에서 빛이 쏟아지듯이 호흡의 정수가 쏟아지고 있음을 느껴라.

그리스의 위대한 칠학자 피타고라스는 이집트의 한 명상 학교에서 바로 이 명상법을 수련하였다. 그리하여 그는 서양의 모든 신비주의자의 아버지가 되었다.

생리학자들은 미간에는 인체 가운데서 가장 신비스러운 '샘'이 있다고 말한다. 송과선이라고 불리는 이 샘은 티벳에서 제 3

의 눈, 시바의 눈이라는 뜻인 '쉬바네트라' 라고 불린다. 이 제 3의 눈은 어느 순간에라도 작동할 수 있지만, 저절로는 절대 작동되지 않는다. 어떤 수단이 필요한 것이다. 이 제 3의 눈은 눈먼 것이 아니라 닫혀 있을 뿐이다. 여기 이 방편이 바로 제 3의 눈을 여는 테크닉이다.

먼저 눈을 감는다. 그리고 두 눈을 미간에 집중한다. 사물을 보듯이, 그렇게 두 눈썹 사이에 집중하라. 눈을 떠서는 안 된다. 이 방편은 가장 간편한 집중법이다. 사람은 사실 몸의 어떤 부분에도 쉽사리 집중하지 못한다. 그러나 이 미간에, 제 3의 눈에 집중하면 대번에 최면상태로 들어간다. 두 눈은 제 3의 눈에 고정되어 움직이지 않는다. 일단 이렇게 되면 몸의 다른 부분으로 주의를 옮기기가 힘들어진다. 이 제 3의 눈은 자석과 같다. 그래서 많은 명상법들이 직접, 간접으로 이 방법과 관련되어 있다. 이 방편은 집중하기가 간단할 뿐 아니라 송과선 자체에 집중을 돕는 기능이 있다. 그것은 자석과 같은 작용으로 집중력을 끌어당기고 있다. 집중력을 제 3의 눈에 기울이게 되면 그곳은 되살아난다. 오랜 세월 동안 전혀 도외시 되었던 제 3의 눈이 집중으로 서서히 움직이기 시작하는 것이다.

중요한 것은 처음에 정확한 지점을 찾는 것이다. 먼저 두 눈을 감는다. 그리고 두 눈의 시선을 모아 두 눈썹 한가운데로 옮겨 간다. 그리고 바로 그 중앙의 점을 느낀다. 시선이 중앙 점 부근으로 이동하게 되면 두 눈은 고정되며, 이 때 비로소 정확한 지점을 포착한 것이다.

집중력이 정확한 지점에 꽂혔을 때 난생 처음으로 이상한 현상을 경험하게 될 것이다. 그는 앞에서 사념의 구름들이 흘러가고 있음을 느끼게 된다. 그는 이 사념의 구름들을 주시하는 주시자이다. 한 번만 이렇게 제 3의 눈에 고정되면, 그는 더 이상 사념에 휩쓸려 다니는 노예가 아니다. 그는 사념을 지켜보는 주시자가 되어 사념과 그는 동일한 것이 아닌 것이다.

보통 사람들은 사념의 주시자가 아니라 사념과 하나가 된다. 화가 날 때, 사람들은 화 자체가 되어버린다. 욕망 속에 있을 때, 그 욕망을 주시하는 주시자가 아니라 욕망 자체가 되어버린다. 자기를 잊어버리는 것이다. 자신과 사념 사이에 간격을 두지 못하고, 하나가 되어버리는 것이다.

그러나 제 3의 눈에 한 번 집중하게 되면 이제는 사념을 바라보는 주시자가 된다. 사념을 구경할 뿐, 결코 사념에 자신을 뺏기지 않는다. 오가는 군중들을 구경하듯, 이 사념의 움직임을 지켜 볼 수가 있는 것이다. 그리하여 분노의 바람이 제 스스로 불어 왔다가 불어 갈 뿐, 그는 자신의 중심에 고요히 머물러 있는 것이다.

무슨 일이 일어나든지 그는 주시자, 방관자이며, 의식은 항상 제 3의 눈에 고정된다. 또는, 제 3의 눈에 고정하면 무슨 일에서나 사념에 휩쓸림 없는 주시자가 되는 것이다.

이 제 3의 눈에 의식을 집중하게 되면 공기 속의 정수(精髓), 프라나를 느끼게 된다. 사람이 호흡하는 것은 공기가 아니고, 이 프라나가 공기에 실려 오는 것이다.

공기는 땅 속으로 뚫고 들어갈 수 없지만, 프라나는 아무리 깊은 땅 속이라도 뚫고 들어갈 수 있다. 그러므로 공기라는 매개체가 없어도 직접 프라나와 연결될 수 있는 것이다.

이 프라나는 모든 존재의 알맹이로서, 우주 속에 가득하다. 그리하여 제 3의 눈에 의식을 집중하여 호흡의 정수를 느낄 때, 이 프라나가 정수리까지 가득 넘치고 있다고 상상하라. 머리 전체가 이 호흡의 정수로 가득 채워진다고 상상하면 실제로 머리끝까지 프라나로 넘치게 된다. 그 다음 호흡의 정수, 프라나가 빛이 쏟아지듯이 정수리로부터 쏟아지고 있다고 상상하라. 이렇게 호흡의 정수가 쏟아지기 시작할 때, 빛의 샤워 밑에 있을 때, 명상자는 다시 태어난다.

제 3의 눈에 집중하게 되면, 그 사람의 상상력은 단순한 상상이 아니라 현실적 파워를 갖게 된다. 신성은 언제나 영원히 이 제 3의 눈에 있고, 신성이 꿈꾸는 것은 모두 사실화되기 때문이다. 누구나 이 제 3의 눈에 집중하면, 그가 꿈꾸는 것은 모두 사실화된다.

상상력이 파워를 갖는다는 것은 최면에 들어간 사람에게 최면술사가 차가운 돌멩이를 집어서 손바닥 위에 놓아 주면서 "너의 손 위에 불을 얹었다"라고 하면, 실지로 그 손이 탄다는 것이다. 이와 같은 현상은 최면으로 들어가는 사람의 의식이 모두 제 3의 눈에 집중되고, 제 3의 눈에 있어서는 상상과 현실이 둘이 아니기 때문에 생기는 것이다.

　이와 같이 제 3의 눈에 집중되어 있는 사람이 프라나가 아침 햇살같이 자신의 머리 위에서 발끝까지 넘치고 있다고 상상하면, 그것은 곧 존재의 본질 자체, 프라나의 바다 속으로 잠겨 합쳐지는 것이 될 것이다. 그는 이제 존재의 근원으로 돌아가 우주의 주체가 된 것이다」(고목, 앞의 책, pp. 265~269).

　◉ 고목은 이것이 적극적인 자기최면임을 인용문에서 분명히 밝혔다. 그런 것 같고 정신적으로 상당한 효과가 있는 것 같으나 그것은 최면의 결과다. 최면에 들어가면 상상이 현실적 파워를 갖는다. 상상과 현실이 둘이 아닌 하나가 된다. 불교적 요가는 그 사상의 극심한 자기최면으로 이룩된다.

(3) 요가

◇ 힌두교의 영혼구원의 길은 세 가지가 있다.

① 업보: 종교적 의식, 의무 이행이다.

② 헌신: 신을 사랑하고, 신께 의탁하고, 신께 복종하는 것이다.

③ 지식: 신비한 깨달음으로 얻는다. 그것은 개인정신(아트만)이 우주정신(부라만)으로 나가는 것이다. 아트만의 독립은 고통이고, 브라만에 종속은 행복이다. 그 종속은 연합이며, 합일이다. 인간은 그 합일을 깨닫기 위해 수련, 고행, 명상, 참선을 한다. 요가는 아트만을 브라만과 연합시키는 정신적, 신체적, 영적훈련이다.

요가는 4단계가 있다.

① 1단계: 정신훈련으로 명상, 자율신경훈련, 정신통일(만트라 반복)이 있다.

② 2단계: 무의식으로 들어가 암시로 신체에 변화를 준다.

③ 3단계: 텔레파시, 예감력, 투시력, 그 외에 초자연적 능력이다.

④ 4단계: 흑마술(죽음 일으킨다) (신)영접술, 우주와 하나 됨을 추구한다.

그런데 1단계 신체훈련의 과정으로 요가 신 시바가 840만 가지의 자세를 만들어 아내인 파루파티신에게 지도하였다. 840만은 윤회의 수이며, 그것은 윤회와 해탈을 의미한다. 그것은 요가가 추구하는 명상의 변형이며, 그것의 실행은 그 명상의 정신을 심는다. 그러므로 그것은 단순한 운동이 아니고 요가 정신의 시행이다. 그리고 건강 요가인 하타요가는 13세기에 정립되었다.

시중에는 건강요가가 범람한다. 서점에는 건강요가 서적이 즐비하다. 수많은 사람들이 요가를 건강, 다이어트의 구세주로 알아 많은 돈을 들이면서 그것에 빠져든다. 기독교인들도 아무런 거리낌없이 요가 수련원의 원생이 된다.

☆ 그런데 우리가 요가의 자세를 단편적으로 취하는 외에 체계적으로 취한다면, 건강, 다이어트, 아름다움, 등에 다소 유익이 있는 것은 사실이나, 요가 사상이 우리 속에 주입되는 것을 피할 수 없다. 자신도 모르는 사이에 점점 그런 사상으로 변해갈 것이다. 요가는 바로 그것을 노린다.

☆ 요가의 사상은 한 마디로 불교와 같은 범신론이다. "온 우주는 하나이며 신이다. 소아는 대우주로 들어가 하나가 되고, 그럴 때 최고 행복이다. 개인정신(아트만)은 우주정신(브라만)에 종속(합일)되이야 하고, 그 때에 가장 행복하다"고 한다」(전용복, 앞의 책, pp. 85,86)

◉ 그런데 요가도 역시 그 목적을 달성키 위해 최면을 사용한다. 최면의 방법을 착실히 실행함으로 그 바라는 바를 이루려고

한다. "2단계: 무의식으로 들어가 암시로 신체에 변화를 준다"
는 말은 요가가 바로 최면의 한 모습임을 말한다. 1단계는 2단계
로 들어가는 한 과정이며 역시 최면적인 방법이다. 3단계, 4단계
의 초인적이고 신비한 것들은 깊은 최면상태에서 일어날 수 있는
것들이다.

고목은 요가수행자들의 최면적 기이한 행동을 소개하였다.

「요가수행자들은 추운 겨울에도 알몸으로 맨땅 위에 앉아 땀을
흘리면서 추위를 느끼지 못한다. 최대의 신이(神異)는 깊은 선정
의 경지에서 홀연히 호흡을 중지시켜 온몸이 나무토막같이 굳어
버리는 것이다. 그러나 죽은 것은 아니다. 참으로 마음이란 불가
사의한 것이다.」(명상 그 원리와 수련법, p. 112).

(4) 단학

「단학의 연원은 한인이 天, 地, 人이 하나의 본성임을 깨달은
것이다. 그것을 깨달은 자를 "천지인", 그 원리를 실천하는 자를
"홍익인간"(弘益人間)이라 한다. 그 원리를 기술한 것을 "천부경"
이라 한다. 단군은 천부경으로 신선도를 집대성하였다. 그 신선
도는 화랑도, 동학, 대종교, 홍문연(한문연)으로 이어졌다.

그런데 기는 우주적 생명체로 몸과 마음의 연결 고리이며, 빛
과 소리, 파장으로 표시된다. 그 기는 세 종류다.

① 원기-선천적이다.

② 정기-음식물, 호흡을 통해 얻어진다.

③ 진기-정신집중, 수련을 통해 얻어진다.

단전호흡은 기를 모으는 가장 대표적인 방법으로 하단전에 의
식을 집중한다, 명문으로 숨을 쉰다고 생각한다. 천천히 숨을 들
이쉬고 내쉰다. 숨을 들이쉴 때 우주의 기운이 들어온다고 생각
하고, 내 쉴 때 몸속의 나쁜 기운이 나간다고 생각한다. 그들은
"그럴 때 차츰 모든 잡념이 사라진다. 온 우주가 내 몸 안에 들어
온 느낌이 든다. 내 몸이 우주가 된 느낌이 든다. 우주와의 합일
감이 충만해지고, 무한한 환희, 대자유가 넘치게 된다"고 한다.

☆ 단학의 사상은 온 우주가 하나라는 범신론에 바탕을 두고 있

다. 물론 단전호흡을 할 때 안정이 되고 기분이 좋아지고 평안한 느낌이 충만해진다. 육체적, 정신적으로 여러 가지 치료가 된다. 그런 점에서 건강에 좋다. 모든 잡념을 그치고 조용히 침묵하는 명상의 가치가 있다. 그래서 동서양의 수많은 사람들이 몰린다.

☆ 그렇다고 해서, 우주가 내 몸에 들어온 느낌이 든다. 내 몸이 우주가 된 느낌이 든다. 우주와 합일감, 무한한 환희, 대자유 운운함은 모든 잡념을 제하고 범신론 사상을 주입시키는 것이다. 이런 점은 사실상 불교와 같이 모든 잡념을 그친 가운데서 범신론 사상을 명상, 깊이 의식화하는 것이다. 다소 그런 느낌이 강해진다면 최면상태에서 그런 암시가 황홀감을 일으킨 것이다」(전용복, 앞의 책, pp. 87,88).

◉ 이렇게 단학도 불교의 명상과 거의 비슷한 형태로 범신론 사상을 깊이 새기고 의식화한다. 이것은 그 한 가지에만 의식을 집중하므로 무의식 상태를 도출시켜 암시하는 것으로 최면술을 쓰는 것이다.

(5) 기독교

중세 기독교에서 "성흔"(聖痕)(stigmata)이라는 것이 있었다. 성흔은 깊은 기도 중에 예수님이 십자가에 달리실 때 상처 입은 (양 손, 양 발목, 옆구리)에 상처가 나 피가 나므로 그 고통을 체험하게 된 것을 말한다.

「하나님께 이르는 영혼의 여정」은 그 글의 서문에서 밝히듯이, 성 프란치스코가 겪은 영적 여정을 밟아 가는 동안 보나벤투라 자신이 경험한 영적 여행의 통찰을 기록한 것이다.

"우리의 복되신 아버지의 죽음으로 인해 제 7대 프란치스코 수도회의 총장이 된 보잘 것 없는 하나의 죄인인 나는 우리의 복되신 아버지 프라치스코의 모범을 따라 헐떡이는 영혼으로 평화를 찾고 있었다."

그는 고요한 장소와 영혼의 평정을 찾기 위해서 성 프란치스코가 십자가의 성흔(stigmata)을 받은 투스카니의 라 메르나(La Verna)산으로 물러가 명상과 기도 생활을 했고 거기서 그도 성흔(聖痕)을 체험했다.

영성학의 기록을 보면 프란치스코 이전에는 성흔의 기록이 없으나 그 이후에는 많은 성흔의 기록이 나타난다. 아빌라의 테레사도 그러한 경험을 했다. 그전에는 성흔을 받는 일이 없었는가? 그이전에도 그러한 경험을 한 사람들은 있었지만 그것을 외적으로표현하기를 두려워했다고 볼 수 있다. 그런데 대 성인인 프라치스코로 말미암아 성흔을 받는 것이 공개적으로 인정받은 셈이다.

오상(五傷)은 반드시 육체적인 것만을 말하는 것은 아니다. 내적인 오상을 받았다는 기록도 많이 있다. 보나벤투라가 경험한오상은 내적인 것이었다. 그는 내적인 오상 경험을 통해서 깨달음에 이르렀고, 그것을 바탕으로 인간의 영적 여행의 모델을 제시한 것이 「하나님께 이르는 여정」이다(기독교 영성의 역사, PP. 137,138).

그런데 이 성흔은 굉장히 신령해 보이나 대부분의 사람들이 최면적인 것이라고 본다. 주님의 고통에 집중하여 내면세계에 그러한 고통의 체험을 강력하게 암시한 결과라고 본다.

기독교는 근본적으로 하나님이 주신 진리에 의한 종교다. 그진리가 성령에 의해 사람들에게 감동을 줌으로 믿음을 가진 사람들이 기독교 신자다. 그러므로 기독교는 본래부터 최면을 쓰지않았다.

그러나 사람들은 좋은 의도로 건전하게 최면을 적용하기도 하였다. 또 사람들은 무지하여 자기도 모르게 최면의 방법을 쓰기도 하였다. 그 결과는 대부분 안 좋은 것으로 나타났다. 또 사이비한 자들이 악한 의도로 최면을 사용하고 성령을 가장하기도 하였다. 그리하여 기독교는 많이 오염되고 큰 피해를 입었다. 앞으로 그러한 실상을 차례로 밝히고자 한다.

　☆「이제 종교와 관계 지어 최면에 대하여 대체적으로 말하고자 한다. 사람은 가벼운 최면 상태에서는 아주 긍정적, 수용적이 된다. 이 때 종교적인 내용이 합해지면 아주 긍정적, 수용적이 되어 그 효과가 상승한다. 그리고 중한 최면상태에 들어가면 잊었던 과거 기억의 회생, 치유 등이 일어나고 황홀경에 들어간다. 그래서 몸이 없어진 것 같기도 하고, 또 몸이 공중에 떠 있는 것 같은 느낌을 받기도 한다. 그래서 피최면자는 이 상태가 너무 좋아서 계속 그대로 머물러 있고 싶어 한다. 범신론적인 계열에서는 그런 상태를 신이 된 것이라고 한다. 많은 사이비 종교지도자들은 이것을 성령충만의 역사로 속인다. 이렇게 속은 순진한 성도들은 자신이 성령의 큰 은혜를 받은 것이라고 착각한다. 그리하여 분별력이 없어지고 참 하나님을 찾지 않는 방향으로 나가게 된다. 그리고 중한 최면상태에서는 암시는 쉽게 받겠지만, 깊은 죄의식과 기도는 되지 않는다」(전용복, 앞의 책, p. 90)

3. 기독교서 사랑받는 최면술

(1) 긍정적 사고

긍정적 사고는 일반 정신운동을 하는 사람들은 물론이고 각 종교에서, 특히 기독교에서 애용하는 단골 메뉴다. 세계적인 교회 지도자, 부흥사들이 이 사상으로 무장되어 인기를 누림으로 그것이 마치 순수 복음인양 사랑받고 있다.

이 문제를 논하기 전에 우리는 먼저 자기암시를 이해해야 한다. **자기암시란 무엇인가?**

「자기 자신이 암시자이며 동시에 피험자일 경우, 다시 말하면 자기가 자기에게 주는 암시를 자기암시라 하며, 그 암시에 의해서 일종의 최면상태에 이르는 것을 자기최면이라 한다.

그런데 실상 우리는 모두가 자기암시를 의식적이든 무의식적이든 주고 있는 것이 사실이다.

「아이, 나는 왜 이따위로 성격이 못돼 먹었을까?」

이렇게 자신을 버릇처럼 질책하기를 계속하는 사람은 그 말이 자기암시가 되어 실제 그 못돼먹은 성격은 고질화(固疾化)되어 버린다.

「난 못생겼어!」

이런 생각을 늘 하고 있는 사람은 어디서나 얼굴을 바로 들지 못하고 열등의식에 사로잡힌다. 모두 자기암시의 해독을 입은 사람들이다.

「난 이 성급한 성격 때문에 큰일이야! 고치려고 해도 영 고쳐지지가 않거든.」

이렇게 생각하고 있는 동안 그는 그 급한 성격을 고칠 수가 없다.

차라리 이런 식의 부정 암시 또는 부정적인 관념을 자기의 잠재의식에 주느니 보다는 다음과 같은 긍정암시를 주어 보라.

「내 성격은 독특해서 누구나 호감을 갖거든, 아니, 호감을 가질 수 없는 성격이라면 호감을 갖게끔 내 성격은 점점 향상되어 간다. 암 향상 되고말고! 우선 급한 성격이 침착하게 된다. 급한 성격이 침착해진다.」

이런 식으로 무한히 자기에게 재확인, 재강조를 해 보라, 정말 대단한 변화가 실제 생기리라. 자기암시란 자기가 자기에게 주는 말만을 뜻하지는 않는다. 자기 마음속에 품은 이떤 생각도 모두 자기암시인 것이다. 따라서 우리는 자기 안에 품은 생각을 긍정적으로 가질 필요가 있다」(김한강, 최면술과 그 활용, pp. 433,434).

이렇게 우리가 계속 자기암시를 하면 우리의 잠재의식에 그 암시는 각인이 되어 의식화된다. 그것은 내 속에서 항상 살아있는 힘이 되고 변화의 동인이 된다. 그러므로 우리는 늘 자기 자신에게 긍정적인 암시를 주어야 한다. 이런 점에서 볼 때 우리는 자기 최면을 걸면서 살고 있다.

그런데 긍정적 사고의 대표적인 작품으로 로엘 오스틴의 **"긍정의 힘"**이 있다. 그 책의 저자 소개는 다음과 같다.

조엘 오스틴 Joel Osteen

미국 차세대 리더로 급부상하고 있는 목사다. 하도 잘 웃어서 '웃는 목사'(the Smiling Preacher)라는 별명으로 유명한 조엘 오스틴은 현재 미국에서 가장 영향력 있는 목사이며 최고의 인기를 누리고 있다. 젊고 활기차고 열정적인 그는 기독교계의 새로운 얼굴이다.

그는 죄인더러 회개하라고 닦달하거나 소리치지 않는다. 정치와 주요 정책 이슈보다 철저히 성경 중심으로 돌아가, 희망과 자기계발에 관한 참신하고도 설득력 있는 복음을 전하고 있다.

레이크우드교회는 조엘의 아버지 존 오스틴 목사에 의해 1959년 휴스턴의 한 버려진 사료 가게에서 탄생했다. 이후 레이크우드교회는 꾸준히 성장했으며, 존 오스틴 목사가 세상을 떠날 때는 성도가 약 6,000명으로 늘었다.

다섯 형제 중 넷째로, 보이지 않는 곳에서 방송사역에 만족하며 살던 조엘이 아버지의 뒤를 이어 강단에 서리라고는 누구도 예상치 못했다. 아버지 존은 세상을 떠나기 전에 조엘에게 주일 설교를 부탁했다. 그리고 그 직후 조엘은 아버지의 뒤를 이으라는 '부르심'을 받았다.

조엘은 레이크우드교회를 네 배로 키워냈다. 한 리서치 기관에 따르면, 현재 매주 30,000명 이상이 찾아오는 레이크우드교회는 미국에서 가장 크고 가장 빨리 성장하는 교회다. 미국 전역에서 방송을 타는 조엘 목사의 텔레비전 프로그램은 미국 안방의 95%와 전 세계 150개국을 찾아가고 있다.

최근 닐슨 미디어 리서치(Nielsen Media Research)는 지역별 평균 시청률에 근거, 조엘 오스틴의 프로그램을 '미국에서 가장 영향력 높은 방송'으로 선정했다.

또한 레이크우드교회는 갈수록 늘어나는 성도들로 인해 2005년 7월, 휴스턴 로케츠 프로 야구팀 홈구장이었던 16,000좌석의 휴스턴 컴팩센터로 이사할 예정이다.

200만부가 넘게 팔린 「긍정의 힘」은 출간되자마자 초대형 베스트셀러로 자리매김했다. (뉴욕타임즈 베스트셀러 1위!, 아마존닷컴 장기 베스트 셀러!, NBC, 워싱턴포스트지가 극찬한 책!) 조엘과 빅토리아 부부는 여러 방면의 다양한 사역으로 하나님의 조건없는 사랑과 끝없는 희망을 사람들에게 전하고 있다.

그리고 "긍정의 힘" 한국어판에서 한국 교계의 많은 저명인사들이 추천사를 썼다. 오스틴은 "긍정의 힘"에서 우리 마음속에 긍정적 이미지를 심어야 한다고 매우 강조한다.

원하는 모습을 그리라

「마음에 품는다는 것은 마음속에 원하는 삶의 이미지를 그리는 것이다. 우리는 여기서 멈추지 말고 이 이미지를 자신의 일부로 삼아야 한다. 생각과 대화 깊은 잠재의식, 행동을 비롯해서 자기 존재의 모든 부분에 이 이미지를 심어야 한다」(pp. 16,17).

「"나는 우리 부모님만큼 성공했어. 우리 식구 중에 누구에게도 뒤지지 않는다고. 이정도면 충분하지 않나?"

이렇게 말하는 스티브에게 나는 대답했다. "과거에 갇혀 있지 말게. 하나님은 자네가 부모님을 훨씬 능가하길 바라시네. 물론 자네 부모님이 열심히 일하는 멋진 분이셨다는 건 나도 잘 아네. 그렇지만 현실 안주의 함정에 빠져선 안 되네. 그저 그런 평범한 삶을 살지 않기로 결단하게. 매일 아침을 이런 태도로 시작하면 어떻겠나? '위대한 일을 할 거야. 사회에서 성공하고 열정적으로 남을 섬길 거야. 기존의 틀을 깨고 더 높은 단계로 도약할 거야'"」(p. 20).

「아침에 눈을 뜨자마자 가장 먼저 해야 할 일은 우리 마음을 올바른 방향에 맞추는 것이다. 희망찬 말로 하루를 시작하라. "오늘은 멋진 날이 될 거야. 하나님이 내 발걸음을 인도해 주실 테니까. 하나님의 은혜가 나를 감싸고 있어. 하나님의 선하심과 인자하심이 나를 따르고 있어. 오늘 하루가 정말 기대되는군!" 믿음과 기대로 하루를 시작하고, 밖에 나가서도 좋은 일을 기대하는 습관을 가지라. 상황이 내게 좋은 쪽으로 바뀌기를 기대할 때 실제로 그런 일이 일어난다. 상황이 내게 유리한 쪽으로 바뀌기를 기대하라」(p. 26).

「스스로 만든 감옥에서 벗어나라!

"내게 미래란 없어!" 감옥에 갇혀 있는 장기수들 사이에 유행하는 말이란다. 마지막 남은 작은 희망 조차 앗아버리는 가혹한 말이다. "네 아내는 곧 이혼을 요구하고 네게서 도망갈 거야. 자녀들도 너를 부끄럽게 여기고 피할 거야. 아무것도 바뀌지 않아. 넌 마땅히 받아야 할 벌을 받고 있어. 네게 미래란 없어."

그런데 '바깥에' 살면서도 스스로 만든 절망이란 감옥에 갇혀 있는 사람이 의외로 많다. '더는 뭘 기대할 수 있겠어? 상황은 더 나아지지 않아. 설치지 말라고. 조용히 현실을 받아들이라고."

아니다! 우리는 감옥을 부수고 나올 수 있다! 문은 열려 있다. 단지, 좋은 삶을 기대하고 하나님이 주시는 멋진 미래를 믿기만 하면 된다. 좋은 일이 다가오고 있다!」(p. 27).

「정말 백기를 들고 항복하고 싶은가? 안 될 말이다. 패배자의 정신을 벗어넌지고 긍정적인 사고와 믿음을 받아들이라. "이 시험을 이기고야 말 거야. 오랫동안 병을 달고 살아왔지만 이 고통도 곧 끝날 거야. 수년 동안 이 중독에 빠져 있었으나 이제는 자유할 거야. 우리 자녀가 아직 정신을 차리지 못했지만 나와 내 집은 주님만 섬길 거야"」(p. 218).

그런데 오스틴이 강조하는 바람은 거의 다가 물질, 그리고 우리의 현실 생활에 관계된 눈에 보이는 것들이다. 물론 그가 영적인 것을 부정하거나 폄훼하지는 않는다. 그렇지만 그는 이 세상에서 잘되는 것이 주가 되는 **번영신학에 너무도 가까이 가 있다.**

"당신이 이 책의 일곱 단계를 적용하면 전보다 더 큰 행복을 얻으리라 믿어 의심치 않는다"(p. 11).

"앞으로 소개할 원칙을 따르면 '지금 당장' 행복과 만족이 찾아 올 것이다."(p. 12)

"우리는 이미 한계에 도달했다는 고정관념에 사로잡혀 허우적대는 경우가 많다. 하지만 하나님은 우리가 끊임없이 더 높은 단계로 자라나길 원하신다. 하나님은 지혜를 주시고 올바른 결정을 내리도록 도와주신다. 막대한 부와 승진의 기회, 참신한 아이디어, 창의력을 주고자 하신다"(p. 17).

"우리는 낮은 수준의 삶과 비좁은 사고방식의 틀에서 좀처럼 벗어나지 못한다. 하나님이 오래 전부터 우리를 위한 선물을 수북이 쌓아 놓고 계신 것도 모르고 말이다"(p. 35).

「이런 생각을 버리고 믿음의 눈을 가질 때 새로운 단계로 도약하는 자신의 모습이 보인다. 번영하는 자신을 보고 그 이미지를 머리와 가슴에 새기라. 잠깐 동안은 가난 속에 살 수 있지만 가난이 우리 속에 살도록 내버려두지 말라.

성경에 따르면 "하나님은 자기 백성이 번영하는 것을 즐거워하신다." 하나님은 자녀가 영적으로 육체적으로 또 물질적으로 번영할 때 크게 기뻐하신다.

내가 내 두 아이를 당신에게 소개하는데 아이들이 옷에 구멍이 나고 머리는 헝클어졌으며 신발도 없고 손톱 밑이 시꺼멓다면 무슨 생각이 들겠는가? 아마 이렇게 말할 것이다. "저 사람은 좋은 아버지가 아닌가 봐. 아이를 전혀 돌보지 않잖아." 실제로 아이가 꾀죄죄하다는 것은 아버지가 그만큼 가난하다는 반증이다.

마찬가지로 우리가 가난에 찌든 정신으로 인생을 살면 하나님께 영광이 되지 않는다. 오히려 하나님의 높으신 이름을 깎아내리는 짓이다. 늘 현실에 굴복하고 좌절하면서 억지로 인생을 사는 사람을 하나님은 기뻐하지 않으신다. 우리가 성공하는 마음자세를 가질 때 비로소 하나님은 기뻐하신다(pp. 105,106).

"우리는 하나님의 형상을 따라 지음 받았다. 우리가 태어나기도 전에 하나님은 풍요롭고 행복하고 건강하고 온전한 삶을 살도록 우리를 프로그램 하셨다(p. 137).

그런 오스틴은 **긍정암시를 아주 강조한다.** 부정암시는 절대로 떠올려서는 안 되고, 어떤 경우에나 마음속에 긍정암시를 계속 심어야 한다고 강조한다. 이런 점에서 자기최면의 방법을 잘 활용하고 있다(물론 그가 자기최면에 대하여 잘 모를 수도 있다). 그런데 이것은 나쁘지 않다. 매우 유익한 방법이다.

그런데 이 긍정암시는 하나님을 바라보는 믿음으로 이어져야 한다. 긍정암시는 믿음이 일어서는 기초이며 발판이다. 그것이 우리의 확고한 믿음이 될 때 참으로 가치 있고 유용한 것이 된다. 만약에 그것이 믿음으로 이어지지 못할 때, 그것이 좋긴 하나 일반 심리학의 차원이며 최면적인 것이 될 수 밖에 없다.

그런데 오스틴의 긍정암시 강조는 안타깝게도 믿음으로 이어지지 못하고 있다. 물론 그가 그 긍정암시가 믿음으로 이어지는 듯한 표현을 간혹 약간씩 하기도 한다. 그러나 전체적으로 볼 때 그의 강조는 그야말로 우리의 긍정적 사고다. 그는 계속해서 우리가 좋은 이미지를 자신의 잠재의식에 심어야 할 것을 강조하고 있다.

그 다음에 오스틴은 지극히 믿음으로 충만한 것 같으나 지극히 비성경적인 주장으로 나아간다. 그것은 **긍정적인 암시는 반드시 다 이루어진다**는 것이다.

「패배와 실패의 이미지를 그리는 사람은 실패자의 인생을 살게 된다. 그러나 승리와 성공, 건강, 풍요로움, 기쁨, 평화, 행복의 이미지를 떠올리는 사람은 아무리 큰 장애물이 있더라도 반드시 그런 인생을 살게 된다」(p. 17).

「우리 인생은 꿈보다는 '기대'를 따라간다. 기대한 만큼 이룬다. 긍정적 생각을 품은 인생은 긍정적인 방향으로 흘러간다. 부정적 생각에 사로잡혀 있는 인생은 꼬이게 마련이다. 패배와 실패, 삼류인생을 기대하면 잠재의식은 우리를 그쪽으로 몰아가, 평범한 수준 이상의 어떤 시도도 못하게 만든다. 그렇기 때문에 비전을 확장하려면 기대수준을 높여야 한다. 삶의 변화는 바로 생각의 변화에서 출발한다」(p. 25).

「아침에 눈을 뜨자마자 가장 먼저 해야 할 일은 우리 마음을 올바른 방향에 맞추는 것이다. 희망찬 말로 하루를 시작하라. "오늘은 멋진 날이 될 거야. 하나님이 내 발걸음을 인도해 주실 테니까. 하나님의 은혜가 나를 감싸고 있어. 하나님의 선하심과 인자하심이 나를 따르고 있어. 오늘 하루가 정말 기대되는군!" 믿음과 기대로 하루를 시작하고, 밖에 나가서도 좋은 일을 기대하는 습관을 가지라. 상황이 내게 좋은 쪽으로 바뀌기를, 사람들이 만사를 제쳐두고 나를 도와주기를, 시간과 장소가 내 편이 되기를 기대할 때 실제로 그런 일이 일어난다」(p. 26).

「당신은 어떤가? 마음으로 어떤 미래를 보는가? 지금보다 강하고 행복하고 건강한 자신의 모습이 보이는가? 하나님의 복으로 가득한 미래가 보이는가? 마음으로 본 복은 반드시 우리를 찾아오게 되어 있다」(p. 31).

「하나님의 눈으로 자신을 바라본다는 말에는 번영하는 마음가짐을 가진다는 의미도 포함된다. 우리는 자신을 어떻게 보느냐에 따라 흥하기도 망하기도 한다」(p. 100).

「우리의 생각은 감정에도 영향을 미친다. 아니, 우리의 생각은 감정에 그대로 반영된다. 그래서 먼저 행복한 생각을 품지 않으면 절대 행복할 수 없다. 반대로, 절망적인 생각을 품지 않는 한 절대 절망할 수 없다. 인생의 성공과 실패는 우리 마음에서 비롯하며, 우리 마음이 어디에 거하느냐에 따라 우리의 미래가 결정된다」(p. 123).

「말은 씨앗과 비슷하다. 입 밖으로 나온 말은 우리의 무의식 속에 심어져 생명력을 얻는다. 그리고 뿌리를 내리고 자라서 그 내용과 똑 같은 열매를 맺는다. 우리가 긍정적인 말을 하면 우리 삶은 긍정적인 방향으로 펼쳐진다. 부정적인 말은 부정적인 결과를 낳는다. 패배와 실패를 말하면서 승리의 삶을 살려고 애써봐야 아무 소용없다. 뿌린 그대로 수확할 뿐이다」(p. 147).

「간절한 맘으로 뭔가를 끊임없이 말하면 우리는 그 말을 이루기 위해 무의식적으로 노력하기 시작한다. 아침에 눈을 뜨자마자 거울을 보고 이렇게 말하라. "나는 소중한 존재야, 나는 사랑받고 있어. 하나님은 내 삶을 위해 원대한 계획을 세우셨어. 나는 어디를 가든지 은혜를 입을 거야. 차고 넘치는 하나님의 복이 나를 따르고 있어. 나는 뭘 하든지 번영하고 성공할 거야. 멋진 미래가 나를 기다리고 있어!" 이런 긍정적인 말을 하면 오래지 않아 한층 더 큰 번영과 성공과 승리를 맛보게 된다. 말에는 정말 강한 힘이 있다」(p. 147).

우리가 인생의 고난에 어떻게 대처하고 시련의 도가니 속에서 어떤 말을 하느냐에 따라 고통은 곧 끝나기도, 평생 지속되기도 한다.

「반드시 입을 단속해야 할 때가 있다면 바로 시련의 순간이다. 억장이 무너져 내리고 스트레스가 밀려올 때, 세상의 모든 것이 우리에게서 등을 돌릴 때, 좌측 펜스가 짧게 보일 때야 말로 긴장을 절대 늦추지 말아야 할 때다. 이런 시기에 부정적인 태도와 말에 빠질 위험이 가장 크기 때문이다. 우리의 무의식은 우리의 말을 사실로 받아들인 후에 그것을 이루기 위한 메커니즘을 가동한다. 따라서 불행한 일이 벌어져도 우리는 자신 외에 누구도 탓할 수 없다. 우리를 무너뜨리는 것은 바로 우리의 생각과 말이기 때문이다」(p. 148).

"말에는 엄청난 창조의 힘이 있다. 우리가 뭔가를 입으로 말하는 순간에 말의 내용이 생명을 얻는다. 이것은 영적 원리다"(p. 153).

「하나님의 시각으로 우리 자신을 보는 것만큼이나 하나님의 말씀을 우리 자신에게 선포하는 것이 중요하다. 우리의 말은 꿈을 이루는데 매우 중요한 역할을 한다. 꿈을 꾸는 것이나 믿음의 눈으로 꿈을 바라보는 것만으로는 부족하다. 우리 인생을 향해 믿음의 말을 선포해야 하는 것이다. 말에는 엄청난 창조의 힘이 있다. 우리가 뭔가를 입으로 말하는 순간에 말의 내용이 생명을 얻는다. 이것은 영적 원리다.

"내게 좋은 일이 일어날 리 없어. 내 꿈은 실현될 가망이 없어. 나는 승진되지 못할 게 뻔해" 우리가 인생에서 앞서 나가지 못하는 이유는 바로 이런 말 때문이다. 혀를 다스리고 오직 믿음의 말만 선포하라. 우리의 말은 우리를 흥하게도 망하게도 할 수 있다. **우리의 말에는 이삭의 선포와 똑같은 힘이 있다.** 그러니 사랑과 인정, 포용, 격려의 말을 하라. 말로써 아이들의 삶에 복을 불어놓으라」(p. 157).

「우리가 일단 내뱉은 말은 살아 움직이는 능력이 있다. 그러니 되도록 남을 축복하는 말을 해야 한다. 이제부터라도 자녀를 비판하기 보다는 그들이 미래에 행할 위대한 일을 선포해야 한다」(p. 161).

◉ 이삭을 비롯한 족장들이 자손들에게 복을 선포한 것은, 족장으로서의 기도이며 하나님의 예정된 복을 선언한 것으로 우리에게 준 계시인 하나님의 말씀이다. 어디까지나 그들은 하나님의 예정된 복을 대언하였다.

그러나 우리는 간절한 소원으로 기도하고 말할 뿐이다. 우리의 말이 이삭의 선포와 같은 힘이 있는 것이 아니다. 이삭과 우리는 차원이 다르다.

◉ 물론 긍정적인 암시, 생각, 말은 효과가 있다. 좋은 영향을 미치고, 좋은 열매가 맺힌다. 그러나 반드시 그렇게 되는 것은 아니다. 만일 그렇게 된다면 얼마나 좋겠는가? 그러나 그것은 우리의 희망일 뿐 그 효과가 그렇게 100%가 되는 것이 아니다. 만일

 기독교를 중심으로

그 효과가 그렇게 100%가 된다면 우리가 신적 능력을 가지게 되는 것이 아닌가? 우리는 유한하고 능력이 제한된 존재이며 우리의 생각대로 할 수 없는 인생임을 성경은 강조한다.

그런데 상당한 효과가 있는 것을 그 효과의 극대화를 기대하여 그렇게 된다고 강력한 암시를 주고 끊임없이 사고하는 것은 최면의 방법이다.

그 다음에 오스틴은 긍정적 암시, 생각, 말이 반드시 이루어지는데 있어서 하나님께서 그렇게 하신다고 한다. **하나님은 우리가 긍정적으로 나갈 때 그것이 반드시 성취되게 하신다**고 말한다.

「우리의 마음의 전쟁에서 결코 지지 말아야 한다. 성공하기 어렵다는 마음을 가지면 실제로 성공하기 어렵고, '몸을 고칠 수 있다고 생각하지 않는 한 병마는 사라지지 않는다. 하나님께 상황을 바로잡을 능력이 있음을 믿지 않으면 하나님은 능력을 발휘하지 않으신다. 실패를 생각하면 필연적으로 실패에 이르게 되고, 평범한 삶을 생각하면 그저 그런 삶이 펼쳐지게 되어 있다. 하지만 우리의 생각을 하나님의 생각과 일치시킬 때, 약속의 말씀 안에 거할 때, 하나님의 승리와 은혜, 믿음, 능력, 강함에 시선을 고정할 때, 그 무엇도 우리를 막지 못한다. 위대한 생각은 위대한 현실로 이어지며, 반드시 성장과 하나님의 초자연적인 복을 낳게 마련이다」(p. 126).

「우리 혀에는 불가사의한 힘이 있다. 그렇기 때문에 우리가 말을 바꾸면 세상이 바뀐다. 먹구름 속에서 우리가 투덜거리거나 불평하지 않고 과감히 명령하면 곧 환한 태양이 뜬다. 우리가 올바른 말을 하고 올바른 태도를 유지하면 하나님은 어려운 상황을 바로잡아 주신다」(p. 149).

오스틴은 하나님은 무엇이든 다 이룰 수 있는 능력이 있다. 전능하신 우리의 아버지시다. 그 하나님은 우리를 사랑하시고 좋아하신다. 그 하나님 아버지는 우리가 번영하기를 원하신다. 땅 위에서 크게 번영해야 자신에게 영광이 된다고 생각하신다. 그리고 하나님은 우리가 긍정적으로 생각하고 번영을 원하고 말하기만 하면 즉각 다 이루어 주신다고 한다. "긍정의 힘"은 그러한 사실을 계속적으로 강조한다.

참으로 듣기에 좋은 말이다. 약하고 위축되어 있는 우리에게 큰 용기를 주고 위로를 주는 말이다. 그러니 그러한 주장에 대하여 토를 단다면 너무도 부정적이고 불신앙적인 것 같다.

그러나 말하지 않을 수 없다. 과연 우리가 믿는 하나님은 그런 하나님인가? 물론 하나님은 우리가 긍정적이기를 원하신다. 그것은 믿음으로 나아가는 길이니까. 그러나 긍정적이라 하여 즉각적으로 다 이루어 주시는 것은 아니다. 하나님은 우리가 죄악을 품고 있을 때 우리가 아무리 긍정적이라 해도 그것을 이루어주시지 않는다. 오히려 진노를 내리신다. 그리고 우리가 좋은 상태에

 기독교를 중심으로

서 긍정적이라 해도 하나님은 그대로 다 이루어주시지 않는다. 하나님이 보시고 판단하여 선별적으로 이루신다. 좋은 마음으로 하나님을 바라보면서 대통령이 되려고 한 사람은 수 없이 많다. 그러나 대통령이 된 사람은 불과 몇 사람이다.

우리가 긍정적으로 나가기만 하면 하나님이 즉각적으로 다 이루어 주신다는 말은 하나님을 참 좋으신 하나님으로 추켜세우고 우리에게 희망과 용기를 주는 말이다. 그러나 그 말은 사실대로 하는 말이 아니다. 하나님을 내 마음대로 변질시키는 사이비한 말이다. 그렇게 해서 "긍정의 힘"은 무엇이든지 다 이룬다는 주장을 사실화한다. "긍정의 힘"은 전능하다는 최면적 암시에 하나님의 전능하심이 이용되고 있다.

그 다음에 오스틴은 **우리가 하나님으로부터 이미 모든 것을 이룰 수 있는 초자연적인 능력을 받았다고** 하기까지 주장한다. (그는 그것을 하나님이 우리의 긍정적인 것을 이루는 방법으로 보는 것 같다) 그러니 긍정적인 모든 것이 반드시 이루어지는 것은 말할 것도 없다.

「의심의 장막을 걷고 자신의 잠재력을 믿으라, 자신이 지극히 높으신 하나님의 자녀로 위대한 일을 위해 창조되었다는 성경의 말씀을 가슴 깊이 새기라. 하나님은 우리를 뛰어난 존재로 만드시고 능력과 재능과 지혜에다가 하나님의 초자연적인 능력까지 주셨다. 우리는 지금 당장 하나님이 주신 운명을 완성하기에 조금도 손색이 없다.

하나님은 우리를 평범하게 만들지 않으셨다.

성경에 보면, "하나님은 모든 신령한 복으로 우리에게 복 주셨다"라고 기록되어 있다.

잘 보면 이 구절은 과거시제로 되어 있다. 그러니까 하나님이 이미 복을 주셨다는 말이다. 하나님은 이미 성공에 필요한 모든 것을 우리 안에 넣어두셨다. 이미 소유한 것을 어떻게 활용하는지는 우리의 몫이다」(p. 100,101).

「마음만 먹으면 행복해질 수 있고, 결심만 하면 강하게 설 수 있다. 하기로 마음만 먹으면 못할 일이 없다. 역경의 파도가 밀려올 때 스스로 다짐하자. "내 안에는 하나님의 힘이 가득해. 나는 극복할 수 있어. 승리의 삶을 살 수 있어. 마음을 굳게 세울 수 있어." 하나님은 우리 안에 자신감을 심어놓으셨다. 우리는 그 힘을 발휘하기만 하면 된다. 더는 고난 앞에서 작아질 필요가 없다」(p. 220).

우리가 과연 항상 하나님의 초자연적인 능력을 가지고 있는가? 그래서 우리가 생각하는 긍정적인 모든 것을 현실로 만들 수 있는가? 그렇지 않다. 우리는 여전히 약하고 온갖 어려운 여건 속에 있다. 그러한 가운데서 우리가 하나님을 의지하고, 하나님이 우리를 향하여 능력의 손을 내미실 때만, 우리는 강할 수 있고 원하는 바를 이룰 수 있다. 오스틴은 우리가 무엇이나 이룰 수 있는 초자연적인 능력을 가지고 있다 함으로 "긍정의 힘"은 전능하다는 암시의 효과를 극대화하려 한다.

그 다음에 오스틴은 긍정적인 것을 강조한 나머지 자신을 알고 **겸손한 므비보셋의 태도를 "죽은 개 마음 자세"**라고 폄훼한다. 그에게는 겸손하게 자신을 낮추는 것도 비굴하고 자신을 깎아내리는 부정적인 태도로 보이는 것 같다.

「하지만 그가 로드발이라는 초라한 도시에서 산 세월을 생각해 보라. 원래부터 그는 자신의 왕족임을 알고 있었다. 그뿐 아니라 다윗과 요나단의 언약 관계는 이스라엘 전국에 널리 알려져 있었다. 이 언약 관계만 하더라도 그는 충분히 자기 권리를 주장할 수 있었다. 그런데 왜 궁으로 찾아가지 않았을까? "다윗 왕이시여, 저는 요나단의 아들입니다. 저는 로드발에서 비참하게 살았습니다. 억울합니다. 제 아버지와 폐하 사이의 언약 관계를 통한 제 권리를 주장하고자 이렇게 찾아왔습니다."

므비보셋은 왜 초라한 삶에 순응했을까? 우리는 *그*가 다윗을 처음 만났을 때 보인 태도에서 그 답을 찾을 수 있다. 성경에 따르면 다윗이 그를 돌봐주겠다고 말했을 때 "저가 절하여 가로되 '이 종이 무엇이관대 왕께서 죽은 개 같은 나를 돌아보시나이까?' 라고 했다. 므비보셋의 자아상이 보이는가? 그는 자신을 죽은 개, 패배자, 걸인으로 보았다. 물론 그는 여전히 왕의 손자였으나 약한 자아상 때문에 자신의 마땅한 특권을 받아 누리지 못했다.

우리도 이와 같은 실수를 자주 저지른다. 우리는 자아상이 하나님의 시각과 완전히 달라서 하나님의 복을 제대로 누리지 못한다. 하나님은 우리를 '용사'로 보시지만 우리는 종종 자신을 '죽은 개'로 본다.

므비보셋이 '죽은 개 마음 자세'를 던져버리고 번영하는 마음 자세를 가져야 했던 것처럼 우리도 그래야 한다. 과거에 어떤 실수를 했든지 진심으로 회개하고 올바로 살려고 최선을 다했다면 더 이상 죄책감과 수치 속에 살 필요가 없다. 우리는 여전히 지극히 높으신 하나님의 자녀다. 하나님은 우리를 위해 놀라운 복을 예비해 놓고 계신다. 우리는 단지 우리의 당연한 복을 찾고 기대하면 된다. 우리가 가난과 약한 자아상과 죽은 개 마음 자세로 '로드발'에 머무는 것을 하나님은 기뻐하지 않으신다」(p. 108,109).

므비보셋은 자신의 위치를 알고 지극히 겸손한 자세를 취했다. 사울이 다윗을 죽이려 했는데, 그의 손자인 자신이 어떻게 왕손임을 주장하고, 무슨 권리를 주장할 수가 있는가? 그가 다윗이 내리는 은총에 대하여 "죽은 개 같은 나를 돌아보십니까?"한 것은 지극한 겸손이며 참 잘한 말이다. 그러한 사실은 다윗의 환심을 샀다고 본다.

오스틴은 "긍정의 힘?"을 강조하면서 겸손 같은 미덕도 비굴하고 자신을 깎아내리는 부정적인 것으로 본다. 그런 그는 회개에 대하여는 더욱 함구하는 것 같다. 그렇게 많은 말을 하면서도 겸손이나 회개는 거의 언급하지 않는다.

그러나 하나님은 우리가 겸손한 자세를 가지고 회개할 때 가장 기뻐하시고 용서하시며 우리의 소원을 이루어 주시고 복을 주신다. 잘 생각하면 겸손하게 자신을 낮추고, 자신의 죄를 철저히 회개하는 것이 가장 긍정적인 모습임을 알 수 있다.

조엘 오스틴과 그의 아버지 존 오스틴은 **"믿음의 말씀"**(Word of Faith)이라는 비성경적 단체의 교리를 추종하였다. 그 단체는 오래 전에 비성경적 교리로 인해 문제가 되었다. 그 단체를 비판한 대표작인 책은 다니엘 레이 맥콘넬(Danid Ray Mcconnell)이 쓴 "다른 복음"(A Different Gospel)이다. 그 단체의 주요 인물들은 케네스 해긴(kenneth E. Hagin), 찰스 켑스(Charles Capps), 케네스/ 글로리아 코플랜드(Kenneth/ Gloria Copeland), 매릴린 히키(Marilyn Hickey)등이다.

그 단체의 주요 교리는 「① 믿음대로 된다. ② 내 안의 긍정성이 행복과 성공을 부른다. ③ 나는 생각과 말의 힘을 발견한다.」이다(이것은 "긍정의 힘"이 주로 다루는 주제다)

이제 그들의 주장을 살펴보자.

① **믿는 대로 된다.** 사람의 '믿음'으로 고백의 말을 하면 하나님
은 사람이 뱉는 그대로 되도록 해 주어야 한다(여기서 믿음
은 무엇이든지 이루어지게 하는 힘에 대한 믿음이다).

② **내 안의 긍정이 행복과 성공을 부른다.** 이 단체가 추구하는
목적을 보인다. 그것이 바로 행복, 물질적 성공, 건강, 혹은
번영임을 말한다. 그것은 '건강과 부의 복음'(Health and
Wealth Gospel)이다.

③ **나는 생각과 말의 힘을 발견한다.** 말은 그 자체에 그 내용이
이루어지게 만드는 힘이 내재되어 있다. 사람의 말은 그대
로 다 이루어진다. '믿음'이란 '힘'은 '말'을 통해 그 효력
을 발생한다.

긍정적인 생각과 긍정적인 말의 힘에 대한 조엘 오스틴의 강조
와 [긍정의 힘]이라는 책 제목은 이런 교리를 반영하고 있는 것이
다(믿음의 말씀 운동의 또 다른 이름이 '긍정적 고백 운동'
Positive Confession Movement)이다. 노먼 빈센트 필의 적극적
사고(positive thinking), 로버트 슐러의 가능성 사고(possibility
thinking)도 마찬가지 주장이다.

「옥한흠 목사(사랑의교회 원로)가 2008년 2월 3일 주일 설교
에서 한국 교회를 향한 우려의 메시지를 전했다. 옥 목사는 "교인
들이 그저 무엇이나 믿고 구하면 이룬다는 소원성취의 말이나 좋

아하고, 예수 믿는 목적이 마치 무병장수에 있는 것처럼 큰 소리로 외치고 있다"며 기복신앙과 맘몬주의 사상에 물든 한국 교회를 비판했다. 그는 목회자를 향해서도 "예수님을 바로 가르쳐야 된다"고 덧붙였다.

옥 목사는 베스트 셀러인 조엘 오스틴의 〈긍정의 힘〉과 〈잘 되는 나〉에 대한 우려도 표명했다. 그는 "오스틴이 주장하는 긍정적이고 낙천적인 성격을 개발하며 성공한다는 가르침에 모두가 다 입을 벌리고 있고, 이런 풍토가 교회 안에 만연하다"며, "오스틴은 긍정적인 자아를 회복하는 것이 기독교의 복음인 것처럼 설교 한다"고 말했다. 복음의 본질을 왜곡해 사람들을 혼란하게 만드는 대표적인 인물이 조엘 오스틴이라는 얘기다.

옥 목사는 "오스틴이 전하는 메시지를 세상 사람들이 다 좋아한다. 정말 심각하다"며 "세상 사람들이 다 좋아하는 게 무슨 진리입니까"하고 되물었다. 그는 교인들에게 "긍정의 원천은 예수 그리스도이고, 복음의 본질인 예수 그리스도의 은혜를 힘입자"고 거듭 강조했다.

한편 옥 목사는 오스틴이 지난 해 12월 24일 미국 폭스 뉴스 선데이에 출연해 미국 공화당 경선후보로 나선 미트 롬니의 종교인 몰몬교를 기독교로 인정한다고 해 논란이 되고 있는 것과 관련, "오스틴은 이단이 아니면서 이단 못지않게 해를 끼치는 전형적인 인물이다"라고 강하게 꼬집었다. 또 그는 "다분히 심리학적이고 자기 최면적인 '긍정적인 힘'을 강조하는 말씀은 성경 어디에도 없다"며 비판했다」(뉴스앤조이. 08. 2. 4).

김의환 목사는 적극적 사고방식을 통한 심리학적 긍정의 힘을 강조하는 한국 교회 강단에 대해 다음과 같이 질타하였다(월간 목회. 09.3. pp. 38, 39).

「적극적인 사고방식이 메시지를 대체하고 있다. 오늘 날 한국 교회 강단의 설교 내용에 있어서 하나님의 메시지, 곧 구속의 복음자리에 긍정적 사고방식을 배경으로 하는 인본주의적 설화가 자리매김하는 경향이 일고 있다. 설교자들이 죄에 대한 회개와 구속의 은총에 대한 감격보다. 적극적 사고방식을 통한 심리학적 긍정의 힘을 강조하기 때문에 성공주의적 가치관에서 심리적 수용만이 기대될 뿐이다. 이렇게 될 때 신앙이란 성공을 위해 필요한 수단일 뿐이고, 하나님이란 인간의 필요를 충족시켜주는 역할을 하는 존재 이상의 의미를 사질 수 없게 된다.

이러한 한국 교회 강단의 변질은 미국의 존 듀이의 실용철학에 따라 영향을 입은 일부 목회자들의 영향이 크다. 최근 조엘 오스틴의 저술「긍정의 힘」이 한국 교계에서 베스트 셀러로 인기를 모은 사실과도 무관하지 않다. 뿐만 아니라 로버트 슐러의「불가능은 없다」와「성공적인 목회의 비결」이 한국 강단에 미친 영향도 적지 않다.

작극적인 사고방식을 강조하는 저자들의 일반적인 강조는 종교적 기능 가운데 위로와 소망 그리고 '할 수 있다'는 가능성에서 오는 인간 승리, 사업 성공 등 수평적 차원의 행복일 뿐이다. 그들은 성도가 죄를 회개하고 하나님과 바른 관계를 갖는 것을 강조하는 수직적 차원을 경시하는 우를 범하고 있는 것이다.

막강한 교회를 만들기 위하여 교회성장 전략을 내세워 지금까지의 강해설교나 본문 위주의 설교의 틀을 바꾸어 생활적 필요 위주로 설교하여야 한다고 그들은 주장한다.

곧, 교회성장을 원한다면 설교를 듣는 사람의 입장에서 준비하라는 것이다. 청중의 흥미를 돕기 위해 유행가도 섞어가며 시중의 만담도 적당히 구사하여 청중의 귀를 즐겁게 하여야 한다고 말한다. 설교자들은 청중을 소비자로 간주하고 그들의 구미에 맞는 이야기를 설교에서 잘 들려줘야 설교를 즐겁고 부담없이 듣게 된다는 것이다.

이러한 인본주의적 설교의 경향은 오늘날의 한국 교회 강단을 오염시키고 있다. 결과적으로 사죄의 은총과 사죄를 통한 구원의 감격이 소멸되어 가는 불행한 교인을 만들어 가고 있는 현실을 부인할 수 없다.」

(2) 종교 행사에서의 집단최면

각종 종교행사. 특히 설교나 설법에서 최면, 특히 집단 최면이 쓰이고 있다고 말하면, 그 지도자들은 크게 노할 것이다. 그러나 그것이 사실이다. 종교 행사가 아닌 일반 연설에서도 명연설가, 명웅변가는 곧잘 청중을 극도로 집중하게 하고 아주 중요한 암시를 효과적으로 하여 자기가 원하는 대로 청중을 끌고 간다. 독재자 히틀러는 청중에게 자기가 원하는 암시를 확실히 심어 자기를 위하여 미치도록 만들어 온 세계를 전쟁 속으로 끌고 갔다. 케네디는 자기를 지지하는 청중에게 그 긍정적이고 희망적인 이미지(암시)를 심어 자기와 미국을 위하여 열광하도록 하였다. 종교에서 명설교가, 명설법가도 마찬가지다.

특히 유명한 부흥사들은 모인 청중이 자기의 말에 완전히 집중하도록 하고 말씀을 열렬이 전한다. 그런데 그 전하는 내용은 다른 말로 하면 청중의 내면에 심는 암시다. 웨슬레, 횟필드, 무디, 빌리 그래함 같은 부흥사들을 생각해 보라. 부흥사들 중에는 나쁜 의도를 가지고 청중에게 나쁜 암시를 하여 사이비한 교인을 만드는 자들도 있다.

물론 명설교가들의 경우에 성령의 역사가 있다. 성령이 불같이 임하므로 말씀에 감복하고 회개하고 은혜를 받는다. 나는 단지 여기서 일반 심리적인 측면에서 최면적인 사실을 사실대로 말하는 것 뿐이다. 물론 자기도 모르는 사이에 최면의 원리를 터득하고 고도의 최면적 방법을 사용하고 있다고 본다. 우리는 모든 방면에서 특히 청중을 설득하려고 할시에 최면적인 데서 벗어날 수 없다. 단지 우리에게는 최면을 제대로 이해하여 건전하고 유익하도록 사용할 과제가 주어진다.

이제 종교 행사에서의 집단최면을 말하기 전에 먼저 집단최면에 대하여 말하고자 한다(김한강, 최면술과 그 활용, pp. 446~456에서 요약한다).

「집단최면」
1) 집단전체를 움직이는 마음

개개인이 독립적으로 다른 마음을 가지고 모였지만 일단 모인 이상에는 그 집단 전체를 대표하는 하나의 마음이 있어 이것이 집단 전체의 마음을 지배한다. 그래서 이 집단의 반응은 한 개인의 반응처럼 통일적인데 이를 집단심리 또는 사회심리라 하고 이를 연구하는 학문을 사회심리학 또는 집단심리학이라 한다.

어쨌든 이런 집단심리에는 몇 가지 개인심리와는 다른 특징이 있다.

① **긴장성** : 집단 심리는 개인의 심리에 비해 일반적으로 긴장 상태를 띠고 있다.

② **주의의 높아짐** : 또한 집단심리는 일반적으로 주의가 항진

되어 있다. 그래서 긴장은 실상 주의 작용 때문에 온 것이라고도 할 수가 있는 것이다. 그런데 집단의 주의상태는 어느 개인에 의해 재빨리 동요 또는 분산되는 특징 또한 무시할 수 없는 일이다. 그래서 연주가가 나타나면 집단은 물을 끼얹은 것처럼 조용해지지만 그 중의 어느 하나가 야유를 하면 갑자기 주위는 분산하기에 이르는 것이다.

③ **자아의식의 위축** : 집단은 권위의 상징이므로 개개인의 심리는 일반적으로 위축당해 있다. 따라서 자아의 의지활동은 구속당하고 그에 의해 집단심리의 독존(獨存)이 가능하게 된다고 하겠다. 말하자면 개인의 의사나 행위는 존재한다고 해도 감히 발휘될 기회가 없으므로 모든 것은 집단의식으로 귀착한다.

④ **이성의 저하(低下)** : 긴장과 주의가 높아지기 때문에 이성이나 도덕적인 판단력은 저하되어 때로는 거친 행위를 일으키기가 쉽다. 그래서 집단심리의 흥분이 고조되었을 때는 타인의 거친 선동이 즉석에서 효과가 나타나게 되는 것이기도 하다.

⑤ **암시감응성의 항진** : 긴장과 주의를 띠고 있는 집단심리는 암시감응성이 항진되어 있어, 타인의 암시나 선동이 바로 반응을 일으키게 되며 또한 그조차 통일적인 반응이 된다. 또한 감정적으로 흥분하기 쉬워 곧잘 격정상태(激情狀態)가 되는 것도 그 특징의 하나이다.

⑥ **시위력(示威力)** : 개개심리보다 그 힘이 커서 그것이 파괴력이 될 때는 무서운 것이며 또한 그 시위력이 큰 것도 특징이다.

어쨌든 집단이 통일적인 의식을 가지고 통일적인 반응을 하는 데에는 다음과 같은 원인에 의해서라고 주장하고 있다.

☆ 모방(模倣)

집단에서는 서로 모방하려는 심리가 강력하기 때문에 어떤 일 개인의 의사나 행위가 순식간에 전체적인 의사나 행위로 통일적으로 파급된다고 한다.

☆ 동정(同情)

여기서 동정이라는 것은 동류의식(同類意識)에서 나오는 공감을 의미하고 있다. 즉 어느 한 사람의 의사를 자기의 의사로 믿는 동류의식에서 오는 「동일시(同一視)」기제가 작용하여 공감을 느끼고 반응이 일치한다는 것이다.

☆ 암시

어느 누구의 의사라든가. 특히 권위자라고 인정되는 사람의 의사라면 그것이 암시가 되어 그에 동일적인 반응을 보이는 것이다. 특히 집단이 정서적으로 흥분해서 사고력이 마비되면 암시에 의한 반응이 좀 더 뚜렷해진다.

이상 세 가지의 원인에 의해 집단반응의 통일성 내지는 일치가 오는데 좀 더 분명히 이야기하자면 어떤 한 사람의 암시가 자극이 되어, 그에 공감을 느끼고, 모방이라는 반응을 나타내는 것이 집단심리의 통일적인 반응과정이라 하겠다.

따라서 집단의 통일적인 반응을 촉구하고 군중 속에서 집단을 움직이는 지도자로 군림할 사람은 암시법과 그의 작용을 재빨리 이용하는 사람이라고 하겠다.

☆ 애정

그런데 또 한 가지 마지막으로 집단반응에 필요한 것은 무의식적인 애정이라고 한다. 후로이드가 주장하는 한 이론인데 집단반응은 애정이 결여하고는 불가능하다는 것이다. 아무리 암시가 있다고 하지만 군중 각자가 그 암시자에 대한 애정이 없으면 동정이나 모방 따위의 반응은 일어날 수 없으며, 오히려 증오가 있을 때는 반발이 작용한다는 것이다. 따라서 지도자 역을 맡은 사람들은 평소부터 집단의 신임과 존경을 받는 사람이라고 하겠다.

2) 집단을 움직이는 사람

우리는 앞에서 말한 바에 의해 집단의 주체자는 암시를 효과적으로 사용하는 사람이어야 됨을 알았으며 또한 집단일수록 사고작용의 마비와 정서적인 항진으로 말미암아 암시에 잘 반응하는, 이른바 암시감응성의 항진이 있음도 알았다. 또한 유능한 주체자가 있기만 하면 자아의식의 위축과 동류의식 등으로 인해 집단은 곧잘 통일적인 반응을 할 수가 있음도 알았다.

따라서 집단을 움직이어 자기 목적을 달성할 여러 방면의 지도자들, 가령 정치가, 교육자 및 전도사, 상품선전인, 변호사, 문필가 등은 모두 암시기술을 알아야 하며 또한 자기도 모르는 사이에 그 기술을 알아서 다소를 막론하고 이미 쓰고 있다는 사실도 알 수가 있다.

그들은 오랜 경험을 통하여 집단 심리를 움직일 수 있는 자기대로의 묘법을 터득하고 있을 것인데 실은 그것이 다름 아닌 암시기술인 것이며 여태까지는 무의식적으로 썼기 때문에 별로 좋은 성과를 못거두었다면 이제부터는 유의적으로 암시기술을 사용하여 성과를 올리지 않으면 안된다는 결론을 내릴 수가 있는 것이다.

대저 집단은 개인보다도 좀 더 신속히 암시에 반응하며 곧잘 반최면에 들어가도록 되어 있다. 반최면이 일종의 공감상태이고 또한 그에 사용하는 암시도 좀 더 광의의 암시인 것은 이미 말한 바 있다. 또 우리는 집단을 움직이는 암시수단으로서 신문과 잡지 등을 동원할 수도 있고 또 라디오와 텔레비전, 강의와 선전 또는 권위나 포고 등을 사용할 수도 있다는 것도 이미 암시의 장에서 살펴봤다.

어느 것이나 처음에는 우리의 합리적인 사고 작용에 호소를 하기 위해 모름지기 암시내용은 합리적이고 또한 설복적이어야 한다 했다. 더구나 기성권위가 없어, 여러 암시수단을 동원할 수 없는 사람으로서 장차 지도자가 되려는 사람은 아무래도 오랜 훈련 뒤에 언어암시를 사용해야 하는데 그 첫 출발이 청중의 비위를 거스르는 암시여서는 안 될 것이다.

우리는 또 언어암시의 효과를 높이기 위해 광의의 암시를 사용하는 여태까지의 지도자들도 이제부터는 좁은 의미의 암시를 사용하지 않으면 안된다는 뜻을 말했다.

따라서 최면술의 터득은 지도자가 되려는 분에게 크게 필요함은 다시 말할 필요가 없겠다.

최면술은 첫째, **집단심리학의 통일적인 반응을 좌우하는 암시기술**을 가르쳐 준다. 최면술에 의한 암시기술의 터득은 집단 심리의 산만이나 반발을 미리 방지하고 그들을 어떻게 반최면에 넣어 공감상태로 이끄는지를 가르쳐 준다.

둘째, 최면술은 **집단을 무서워하지 않는 정신력**을 길러 준다. 누구나 자기의 암시에는 반응한다는 신념으로 집단 앞에 서기를 주저하지 않으며, 또한 어떤 사람이든 자기의 지배하에 든다는 자신으로써 집단을 통솔할 수 있게 된다.

실로 집단은 자기들을 무시할 수 있는 담력을 가진 자를 존경한다. 자기들 앞에서 수줍어하고 또 공포심을 갖는 지도자라면 다시 생각할 것 없이 무시하는 것이다.

따라서 집단 심리를 움직일 수 있으려면 집단을 무서워하지 않은 담력이 필요한데 그것이 최면술적인 기술의 터득에서 용이하게 얻어지는 것이다. 그러나 여러분이 집단의 지도자가 되려면 그들에게 여러분이 최면가라는 사실이 알려지면 안 된다. 누차 애기한대로 암시효과가 줄어든다. 여러분이 대중을 움직이는 모임에서 연설을 할 때 대중들은 수군거릴 것이다.

「저 사람은 최면술을 한다지? 조심해야지! 최면술에 걸리면 큰일이야!」

3) 효과적인 집단최면을 위하여

① 실내의 시설

☆ 청중석의 의자는 포근하고 편안해야 한다. 다른 모임과 달라서 집단이 암시에 반응해야 하므로 개인 최면을 할 때처럼 의자가 편해야 한다.

☆ 방안의 온도가 알맞을 것을 필요로 한다. 다른 모임도 그렇지만 특히 추워서 청중이 떨거나 더워서 땀을 뻘뻘 흘리거나 하면 실연은 실패한다.

☆ 무대가 청중석과 떨어지고 높아야 한다. 왜냐하면 무대가 높고 멀면 멀수록 청중은 무대에서 있는 사람을 높이 보기 때문이다. 바로 콧구멍이 들여다보일 정도의 가까운 거리에서는 암시자에 대해 위엄을 느끼기가 어려워 실패하기 쉽다.

또 이 다음에 민감자들을 무대 위로 선발할 때도 무대가 낮으면 피험자의 최면 가능율은 줄어든다.

☆ 청중의 수가, 초만원을 이루거나 의자가 텅텅 비도록 적어서는 안 된다. 미리 좌석수를 알아 두어 그에 맞는 숫자가 모이도

록 할 것이다. 만원이 되어 소란한 분위기에서나 텅텅 비어 쓸쓸한 곳에서는 성공하기가 어렵다. 특히 텅텅 빈 곳은 연사나 청중에게 시시하다는 인상을 주고 열의를 적게 한다.

② 반최면 단계

☆ 사회자

사회자의 암시자 소개가 암시가 되는 만큼 사회자의 유무는 중요하다. 가령 암시자의 체격이 작은 때는 사회자라도 체격이 큰 사람을 택한다든가, 또는 약간 휘광암시(輝光暗示)를 주기 위해서 암시자의 소개는 적어도 칭찬하지는 않는다는 인상을 주는 한도 내에서 과장해서 하도록 한다.

☆ 암시자의 태도

단정한 복장이 중요하고 정중하고 은근한 태도가 있는 반면에 위엄을 지녀야 한다. 그리고 청중의 눈이 일제히 몰려 올 때 자기가 먼저 최면당해서 당황하는 일이 없어야 한다. 그 정도에 당황하는 암시자라면 청중은 얕잡아 볼 것이기 때문이다.

☆ 말씨

청중의 기분이 누그러져서 되도록 암시자의 암시를 잘 받아들이게끔 말한다는 것은 중요한데 그를 위해서 암시자의 말씨에는 유머가 섞여야 한다. 파안대소(破顔大笑)하는 청중에게는 반발이 있을 수가 없다.

그 때문에 명 웅변가는 완화기의 살벌함을 제거하기 위해 곧잘 유머를 쓰고 있는 것이다.」

이제 **종교 행사에서의 집단최면적인 면**을 생각해 보자. 많은 청중을 상대하는 연사들은 그 청중이 상당한 최면상태에 이르도록 하기 위하여 오직 연사에게만 집중하도록 한다(물론 그들의 대부분은 최면에 대하여 잘 모르고, 자신이 최면적인 행위를 한다고 생각지 않는다).

깊이 집중이 되면 청중은 반최면상태가 된다. 그러면 시야가 아주 좁아지고 잠재의식이 도출되어 암시내용에 완전히 공감하는 상태가 된다. 연설에 아주 집중하여 크게 공감하고 흥분하는 상태가 된다.

요즘 교회들은 교회당을 잘 짓고 시설을 잘한다. 구식 건물들도 리모델링하여 새로운 모습으로 단장한다. 전체 공간이 넓고 높고 시원하다. 의자는 부드럽고 평안하다. 조명도 아늑하고 적당하다. 강단의 시설도 깔끔하고 단정하다. 온도는 냉난방시설이 잘 돼 있어 언제나 적당하다. 전체 분위기가 아주 아늑하고 평안한 느낌을 준다. 그런 자리에 앉으면 자연히 앞에 선 연사에게 시선이 간다.

그리고 연사들은 자신의 모습이 아주 특이하고 권위 있게 보이려고 노력한다. 흰 양복, 흰 구두를 신기도 한다. 붉은 넥타이를 매기도 한다. 나올 때 "할렐루야"라고 외치게 하고 청중이 "아멘" 하게 한다. 목소리를 아주 근엄하고 좀 이상하게 하기도 한다. 이런데 끌리어 청중은 연사에게 관심을 가지고 집중하게 된다.

무슨 특별집회일 때 설교를 시작하기 전이나 도중에 찬송을 많이 부르다 박수를 강하게 치면서 부른다. 점점 빠르게 부르며 더 열심히 박수를 친다. 또 "할렐루야, 아멘"을 연발한다. 그 때에 그 말의 의미를 거의 생각지 않고 그저 습관적으로 그렇게 한다. 그리고 어떤 내용을 강조하여 따라하게 한다. 말씀을 전하면서 "믿습니다. 믿습니까? 믿으시기 바랍니다" 같은 말을 반복함으로 조금의 잡념도 침범하지 못하도록 한다. 그리고 근래에는 유머를 많이 쓴다. 유머 수집, 개발에 애쓰고, 웃음바다로 만드는 강사가 큰 인기를 끈다. 유머는 웃음을 유발하고 웃음은 적대감을 없애고 친근감을 준다.

이러한 모든 행위는 그 자체의 의미보다 청중으로 하여금 잡념을 없애고 주의를 집중하게 하는 목적이 더 크다. 그렇게 하는 가운데 청중은 서서히 연사에게 집중하게 되고 몰입하게 된다. 완전히 하나가 된 것처럼 일사분란하게 말씀을 경청한다. 그런 가운데서 그 말씀은 강한 암시가 되어 심령 속에 박힌다.

그리고 설교 후에 주로 통성기도를 한다. 온 청중이 한 목소리로 크게 부르짖는다. 그 때에 올겐 반주를 하든지 은은한 곡이 들리게 한다. 강사는 큰 소리로 기도를 독려한다. 그 때에 주로 의도적인 방언을 한다. 평소에 익힌 인위적인 방언으로 분위기를 압도한다. 그러면서 전한 말씀의 핵심을 반복적으로 강조한다. 그 때에 많은 사람들이 극한 흥분상태에 빠져 열광한다. 그러한 가운데서 사람들은 자신도 모르는 사이에 더욱 깊은 최면상태에서 쾌감을 느낀다. 광신적으로 되기도 하고 신비주의로 흐르기도 한다.

　그러니 설교자는 항상 주의해야 한다. 어느 정도의 최면상태에서 건전하게 말씀을 전하고 강조하는 것은 좋다. 그러나 지나치게 깊은 최면상태에서 광신적이 되게 하거나 신비주의로 흐르게 해서는 안된다. 잘못된 것을 심는 것은 마귀의 짓이며 큰 악을 행하는 것이다.

(3) 치유

병든 자를 고치는 치유사역은 예수님의 사역에 뿌리를 두고 있다(마9:35). 예수님의 치유사역은 오직 병자만을 치료하신 것이 아니라 배고픈 자를 먹이셨고, 죽은 자를 살리기도 하셨고, 마음이 아픈 자들과는 상담을 하셨다. 전인적인 필요(need)에 응답(reponse)하신 것이다.

그런데 '신유'(神愈: divine healing)라는 말을 하나님의 능력으로 병을 치료한다는 뜻으로, 이는 성경에 뿌리를 둔 말이다. 심프슨(A.B.Simpson)은 "하나님의 초자연적인 능력이 인간의 육체 속에 주입됨으로써 원기가 회복되는 것이며 육체의 연약하고 아픈 부분이 하나님의 생명과 능력을 통해서 회복되는 것"이라고 하였다. 김상준은 "의학을 사용하지 않고, 오로지 믿음으로 기도하여서 병 고침을 받는 것"이라고 하였다.

우리는 신유를 위하여 부르짖어 기도할 수 있다. 하나님은 우리가 절박감을 가지고 오직 믿음으로 부르짖기를 원하신다. "예수님은 불쌍히 여기소서"라는 간절히 부르짖는 자들의 병을 고쳐주셨다.

그런데 이 치유는 신유만으로 되는 것은 아니다. 신유 외에도 여러 가지 치료의 방법이 있다. 그 중에 가장 보편적이고 효과적인 것이 의술에 의한 것이다. 고대로부터 의술은 인간 질병의 치료를 위하여 봉사하였고, 현대의학은 그 발달을 거듭하여 거의 모든 질병을 치료하고 있다. 신유를 말하는 성경도 의술에 의한 치료를 권장한다(약5:14~16).

그리고 기독교 외의 각 종교에서도 병 고치는 사역이 있다. 각종 종교가 그를 나름대로의 신심과 정신집중의 방법으로 병을 고친다.

그리고 종교 외의 여러 집단이나 정신운동을 하는 사람들이 병을 고치는 것을 볼 수 있다. 그 중에 최면술이 있다. 근래에 와서 최면술은 심리학의 한 분야로 인정받고 여러 방면에서 유용하게 쓰이고 있다. 그 중에서도 여러 질병치료에 탁월한 효과를 내고 있다. 지금 선진국에서는 거의 모든 의학 분야에서 최면술을 연구하여 치료하고 있다. 그 중에서도 정신과 계통에서 가장 활발하게 사용되고 있다. 국내에서도 최면치료를 하는 정신과 병원이 늘고 있다. 그러나 최면이 치료에 효과가 있다 해도 아무나 할 수 있는 것은 아니다. 반드시 그 질병에 전문지식을 가진 자가 치료의 보조 자료로 사용해야 하는 것이다.

최면치료는 인간의 잠재의식 속에 들어 있는(숨어 있는) 정신적 장애요소를 끌어내어 치료한다. 우리의 잠재이식 속에 있는 장애요소는 여러 가지 심적, 육적, 질병을 일으킨다. 그런데 최면상태에서 그 장애요소를 찾아 잘 해결하면 그로 인하여 생긴 질병이 치유된다. 그 해결은 주로 환자가 기억을 살려 말하게 하고

대화로 그것을 푸는 것이다. 그런데 그 원리와 방법을 여기서 다 말 할 수 없고 그 치료하는 실제적인 예를 들고자 한다.

◉ 전체적 **치료 효과를 높이는 긍정적인 심상을 마음속에 그려서** 거기에 집중한다(전체적으로 허약하고 무기력한 상태에 빠진 경우).

우리의 전체적 '건강 최면'의 일부분인 '일반적 치료 유도 최면'은 다음과 같다.

"깊이 숨을 쉰다. 그리고 이제 병을 낫게 하는 하얀 빛이 당신의 머리 위에서부터 당신의 몸 전체를 감싸고 있는 것을 상상한다. 그 부드러운 감촉이 당신의 피부에 느껴진다. 이 하얀 빛은 당신을 달래고 치료하며, 위로해 준다. 당신의 몸 전체를 둘러싼 그 빛을 느껴본다.

당신의 피부 위에 있는 그 빛이 당신의 몸 전체에 순환되며 몸속의 모든 기관과 신경, 근육 그리고 세포들을 치료하며 씻어주는 것이 느껴진다. 그 부드럽고 따스한 빛이 당신의 머리에서 두 눈을 지나며, 당신의 어깨로 녹아내려가는 것이 느껴진다…"(조지 해들리, 이일남 역, 나를 바꾸는 최면술, p. 215).

◉ 우리의 **특정한 질병이나 건강 상태에 저항하는 긍정적인 심상을 마음속에 그려서** 거기에 집중한다(암에 걸린 경우).

우리가 사용하는 심상은 자신의 특별한 병에 따라 다르다. 이

장의 '건강 문제 치료'에는 우리의 주요 최면법 안에 삽입할 많은 암시 예들이 있다. 예를 들어, 자신의 건강 문제가 암이라면, 우리는 다음과 같이 암시할 수 있다.

"당신의 주의를 당신의 암 부위에 집중한다. 이제 당신이 암이 어떻게 생겼을지를 상상한다. 당신은 그것을 당신 좋을 대로 아무렇게나 상상해도 좋다. 당신의 암은 매우 크고 사나운 물고기들에게 잡아먹힐 작은 물고기 떼일 수도 있다. 당신은 어떤 심상을 사용할 수도 있다. 푸른색으로 변하고 있는 붉은 색도 좋다. 그리고 붉은 색이 전부 푸른색으로 바뀌면, 붉은 색은 사라진다. 암은 사라진다. 완전히 사라진다. 그리고 이제 당신이 스스로 이 침입자를 없앨 때 그것은 조그맣게 오그라들고, 말라비틀어지고 줄어드는 것을, 줄어 없어지는 것을 상상한다. 세포들은 완벽하게 건강하다. 완전히 건강하다. 그리고 당신의 치료 과정은 효과가 나타나고 있다"(조지 해들리, 이일남 역, 앞의 책, p. 214).

그리고 정신적 치료를 하면서 끝까지 긍정적으로 생각하고 희망을 가지도록 하기 위하여 다음과 같은 식으로 잘 말한다.

오한론: 두 분 각각에게 묻겠습니다. 이것이 끝나고 당신들이 이 의자에서 떨어져 갈 때에는 자신들에게 일어난 변화나 원조를 받았던 것을 어떻게 해서 안 걸까요? 일주일간은 모를지도 모르겠습니다. 아는데 이주 정도 걸릴지도 모르겠습니다. 어쩌면 1개월 후일지도 모르겠습니다. 하지만 이 의자에 앉아 있는 시던가,

혹은 의자에서 떨어졌을 때이던가, 아니면 내일, 일주일 후, 반년 후 일지도 모르겠습니다만 여기에서 행함으로서 오는 차이를 어떻게 느끼시겠습니까」(오할론, 마틴 공저, 밀턴 에릭슨의 최면치료 입문, p. 218).

능력 있는 부흥사들이 기도하여 기적적으로 병을 고친다. 어떤 이는 특별한 신유의 은사가 있다고 한다. 나는 그들이 병을 고치는 것을 부인하지 않는다. 그러나 병을 고치는 일이 그들이 선전하는 것처럼 그렇게 많지는 않다고 생각한다. 그런데 신유로 병을 고친다는 많은 이들이 최면술적인 방법을 쓰는 것 같다.

"여러분 하나님을 믿으시기 바랍니다. 하나님은 전능하십니다. 하나님은 여러분의 병을 다 고쳐주실 수 있습니다. 이 시간 성령님이 찾아오십니다. 여러분을 어루만집니다. 다리에 힘이 생깁니다. 일어설 수 있습니다. 걸을 수 있습니다. 걸으시기 바랍니다. 성령님의 불이 찾아옵니다. 암이 다 타 없어진 것을 믿으시기 바랍니다. 여러분이 믿으면 지금 당장 기적이 일어납니다. 집에 가다가 나을 수도 있습니다. 내일 나을 수도 있습니다. 믿으시기 바랍니다."

이러면서 기도한다. 나았다고 선언한다. 병자들은 나을 욕심에 열광적으로 "아멘"한다. 나았다고 간증하는 사람도 있다. 간증하는 사람 중에 진짜 나은 자도 있고, 전혀 낫지 않은 자도 있다. 암이 나았다고 하다 얼마 안 가 죽는 자도 있다.

나는 여기서 그러한 치유의 방법이 전적으로 잘못되었다고 말하고 싶지 않다. 그러한 경우에 그것이 전적으로 신유가 아니라고 말하고 싶지도 않다. 단지 말하고 싶은 것은 **최면술적인 방법을 쓴다는 것이다.** 우리가 믿음이 충만하다면 성경적인 단순한 기도로 충분하며, 하나님은 그 단순한 기도에 응답하여 병을 고쳐주시지 않을까?

병을 기도로 고친다는 기도원의 어떤 분이 환자를 단상에 오르게 하여 가슴이나 배에 손을 대고 기도한 후 긁어서 나온 핏덩어리를 들고 암 덩어리가 나왔다고 한다. 그럴 때에 그 환자도 나았다고 감격하고 청중은 열광한다. 모두가 성령의 불의 역사가 일어났다고 확신하고 감사한다. 그는 이것을 성령수술이라고 한다.

그런데 그 환자는 무작위로 단상에 오른 것이 아니다. 오래 전에 그 기도원에 입원하여 그 부위에 쑥뜸을 한다. 긁어서 피가 나올 만하면 선택받아 단상에 오른다. 한 번 생각해 보자. 암 덩어리는 최첨단장비로 수술해야 하는데 어떻게 외부 상처를 통하여 떨어져 나올 수 있는가? 나는 제안한다. "그 암 덩어리를 가지고 권위 있는 암전문병원에 가서 조직검사를 해보자. 사기인지, 우리가 불신하는지 판가름이 나지 않겠나?"

이것은 심령치료다. 심령치료는 어떤 극적인 장면을 연출하여 암 덩어리가 아니나 암 덩어리라는 확신을 심어주어 암이 나은 확신을 심는 것을 말한다. 사람이 어떤 사실에 대하여 100%의 확신을 할 때 기적이 일어날 수 있다. 이러한 심령치료는 옛날부터 있어 왔다.

그런데 이런 치유행위를 하는 자를 영어로는 Psychic 또는 Faith Healer라고 한다. 이러한 심령치료는 필리핀에서 가장 성행하고 있다. 필리핀에는 지금도 고대로부터 내려오는 하이트 매직이라는 것이 민속고유의 의술로 이용되고 있다. 그것은 기독교에 파고 들어가 성령수술로 통한다. Healer는 가만히 아픈 부위에 손을 얹고 기도를 해서 고쳐주기도 하고, 칼 없이 맨 손으로 몸속으로 뚫고 들어가서 수술을 하고 악령의 집(병 덩어리)을 끄집어내는 방법을 쓰기도 한다.

필리핀 힐러들은 병이 인간의 견고한 믿음체계 속에 존재한다고 믿었다. 환자가 자기 몸속으로 누군가의 손이 들어가는 것을 보는 순간 자신이 병자라는 견고한 믿음은 깨어지고 병은 파워를 잃게 된다고 믿었다(김상식, 성령수술의 정체, p. 173).

유명한 필리핀 힐러 알렉스 목사는 심령치료(성령수술)에 대하여 다음과 같이 말하였다.

"몸은 영의 집입니다. 마음과 영혼은 문입니다. 생각은 창문입니다. 가끔씩 우리는 너무 많은 고민으로 잠을 못잘 때가 있습니다. 우리는 우리 영의 집 창문을 얼어놓고 밖에서 너무 많은 여행을 하고 있습니다. 이때 부정적인 바리브레이션이 그 창문을 통해 들어오고 우리는 불행하게 되는 것입니다. 우리가 부정적인 생각을 하기 시작할 때부터 우리에게 주어진 작은 아픔도 혹시 암이 아닐까 하는 생각을 갖게 됩니다. 그런데 바로 그런 생각이 병을 만듭니다. 모든 병은 마음에서부터 시작합니다. 힐러들의 목표는 사람들을 영적으로 강화시켜 부정적인 생각을 스스로 몰아내어 열린 창문을 닫게 도와주는 것입니다. 가끔씩은 그것이 복잡하기 때문에 어려울 때가 있습니다. 그때 우리는 수술을 합니다. 우리가 몸을 뚫고 손을 집어넣을 때 우리는 환자의 몸속에 치유의 에너지를 집어넣어 마음이 열리고 영혼이 강해지도록 합니다. 이 때 물질적인 마음은 휴식을 갖게 되고 환자는 영혼과 마음이 강해지게 되는 것입니다. 한 번 우리가 그 마음이나 혼을 강하게 만들면 부정적인 바이브레이션들은 그 창문을 통해 떠나게 됩니다. 그들이 들어왔던 똑같은 창문을 통해서 말입니다. 많은 외국인들이 이곳을 찾아오기도 합니다. 왜냐하면 그들은 이 기적을 들었기 때문입니다. 그러나 그들은 이것을 믿을만한 힘이 없습니다. 사람들에게 확신을 주는 것은 힐러들의 일이 아닙니다”(김상식, 앞의 책, pp. 182~183).

김상식은 앞의 책에서 그러한 치유 행위는 비성경적인 악령으로부터 오는 것임을 잘 논증하였다. 자세한 것을 알고 싶은 분은 그 책을 읽어보시기 바란다.

그런데 이 **심령치료**는 어떤 일이 일어났다는 강력한 암시를 심는 것으로 **그 암시가 그 사람의 속에 박히게 하는 것이다.** 그리고 **그 암시가 효과를 발휘하게 하는 최면술이다.** 그로 통하여 간혹 병이 낫는 일이 있다 할지라도 그것은 성령의 역사가 아니며 성

령을 사칭하는 것이다

근래에 와서 "상한 감정의 치유"(D. A. 씨맨즈, 송헌복 역) 등 심리치료를 주로 하는 책들이 인기가 있다. 기독교 안의 치유사역은 그런 방향으로 가고 있는듯하다. **그것을 치유상담목회라고 한다.**

그런데 이것은 일반 심리학을 성경에 접목시키는 것이다. 일반 심리학 내지 정신치료의 기법을 성경과 결부시켜 치유의 방법으로 삼는 것이다. 이것은 새로운 시도이며 좋은 생각이다. 하나님은 의술, 심리치료도 관장하시며, 그것으로 치료하기도 하신다. 많은 지성인들은 그러한 시도를 긍정적으로 보고 호응한다.

그러나 그러한 시도가 굉장히 연구가 깊고 차원이 높은 것 같으나 실제로는 기독교 밖에서 이미 연구되어 사용되고 있는 것이다. 그것에 살짝 기독교적인 옷을 입힌 정도이다. 성경적 영적 연구는 미흡하고 초보단계에 머물고 있다. 어떤 책들은 일반 정신치유의 이론이 교회서 활보하는 느낌도 준다.

정태기는 "숨겨진 상처의 치유"에서 일반 심리적 치유를 잘 설명하고, 프로이드, 아들러에게서 배우는 지혜를 소개하고, 마지막에 예수님의 치유를 조금 소개한다. 그런데 그의 치유세미나는 앞의 것에 집중하고 있다. 일반 대학의 강의와 차이가 별로 없는듯하다. 물론 일반 심리적 치료에 대한 이야기도 성경의 옷을 입고 있다.

그런데 그러한 중에 **최면적인 방면도 많이 적용되고 있다.** 많

은 경우에 내면세계(잠재의식)를 다룬다. "미래의 기독교 지도자
는 먼저 자신의 내면에 존재하는 새로운 땅을 탐험하며"(H. 나우
웬, 상처 입은 치유자, p.29).

내면세계에 뿌리박힌 상처(한)을 찾아내고 그것을 푸는 방법을
쓴다. 그러면서 주님이 치유하신다고 한다. 그런데 그러한 방법
은 주로 최면치료에서 쓰는 것이다.

어떤 사례에서는 최면의 연령퇴행의 방법을 쓰고 있는 것을 볼
수 있다(D.A. 시맨즈, 상한 감정의 치유, 승헌복 역, p.213).

「이 모든 것들이 베티의 기억 가운데 믿어지지 않을 정도로 명
확하게 남아 있었다. 그녀는 아버지가 문을 박차고 집을 떠난 마
지막 날을 생생하게 기억하고 있었다. 그녀는 그 사건이 있었을
때 자기의 조그마한 아기 침대 안에서 부모님이 무섭게 다투던
소리와 아버지가 집을 나가던 무서운 순간을 기억하고 있었다.
그 경험은 그녀의 마음속 깊은 곳에 암이 생긴 부위로부터 오는
통증과 같은 아픔을 남겨 놓았다.

우리가 그녀의 기억 속에 남아 있는 상처를 치료하기 위해 함
께 기도하는 가운데 주님께서는 우리를 과거의 아기 침대 장면으
로 되돌아가게 해 주셨다.

예수님께서 그렇게 하실 수 있는 이유는 그에게 있어서 모든
시간은 현재로 존재하기 때문이다. 그는 "아브라함이 있기 전에
내가 있었다"(요8:56)라고 말하셨다. 우리 속에 남아있는 기억들
은 시간의 주인이신 그분 앞에 낱낱이 펼쳐질 수 있다.

그녀가 치유를 경험하던 그 시간에 베티는 그 마음속에 수년 동안 묻혀 있었던 아픈 상처로 인해 쥐어뜯는 듯한 비명을 질렀다. 나는 그녀에게 이렇게 말했다.

"베티, 당신이 그때 아기 침대에서 아버지에게 무슨 말을 할 수 있었다면 뭐라고 말했을 것 같아요?"

그런 다음 갑자기 성령께서는 그녀로 하여금 완전히 폐허와 같이 되었던 그 순간에 느꼈던 감정을 다시 기억나게 해 주셨다. 그리고 그녀는 젊은 여인의 목소리가 아닌 세 살 바기 어린아이가 되어 울부짖었다.

"아빠, 제발 저를 버리지 마세요!"

그 순간에 경험했던 모든 두려움과 아픔이 "너무 깊어서 쉽게 표현하기 어려운 듯한 소리로" 밖으로 터져 나왔다.」

나는 여기 대하여도 반대하지 않는다. 좋은 시도라고 본다. 그 방면의 활용이 그들만의 전유물이 되어서는 안 된다. 그 내면세계의 내용, 치유의 가능성 등을 결코 놓쳐서는 안 된다. 그러나 우리는 그러한 시도가 최면적 방법을 적극 활용한다는 사실을 솔직히 인정하고 성경적, 신학적으로 잘 검토하고 적용하여 보다 더 좋은 효과를 거두어야 한다.

(4) 축귀

한국 교회에 등장한 소위 "귀신파"는 큰 파문을 일으켰다. 그들의 축사행위는 최면적인 것으로 속임수다. 축사에서의 최면적인 요소는 필자가 위의 사실을 다룬 "귀신의 정체를 밝힌다"(월간 고신 게재)는 내용으로 대신코자 한다.

1) 귀신의 기원

먼저 그들의 주장을 살펴보자. "하나님은 노아 홍수 이후에 인간의 생명을 120년으로 단축시켰다. 그런데 사람이 그 120년도 못 살고 죽는 것은 죄가 너무 많기 때문이다. 그리고 그 120년을 못 채운 불신자의 영혼은 그 기간 동안 귀신이 되어 사람을 괴롭힌다. 손자에게 할아버지 귀신이 들어오면 할아버지 행동을 한다. 남자에게는 남자 귀신, 여자에게는 여자 귀신이 들어간다. 처녀, 총각 죽은 집에 우환이 떠나지 않는 것은 죽은 영혼들이 귀신이 되어 들어와서 날뛰기 때문이다."

그러나 이것은 사탄의 사주를 받은 이단적 주장이다. 창6:3의 120년은 홍수의 유예기간을 말한다. 또 불신자의 죽은 영혼이 귀신이 된다는 사실은 상상도 할 수 없는 일이고 성경에 아무런 근거가 없는 일이다. 그것은 단지 옛날부터 사람들이 생각해 오던 미신적인 생각에 지나지 않는다.

필자가 아는 어떤 여신도는 자기의 여동생과 함께 그들에게 상당히 현혹되어 있었다. 그런데 한번은 전도사란 사람이 그 여동생에게 귀신이 들었다고 하면서 그 귀신은 그 여동생의 죽은 언니라고 했다. 그런데 그 죽은 언니는 잘 믿다가 죽은 사람이었다. 그러니 그 여신도와 동생이 분개하는 것은 당연한 일이었다. 이 일 이후로 그들은 이런 해괴망측한 집단에서 계속 있을 수 없다고 판단, 다시 돌아왔다.

그런데 더욱 한심한 것은 김모씨란 자가 귀신 정체론에서 주장하는 내용이다. 그는 불신자의 죽은 영혼이 귀신이라는 증거를 다음과 같이 제시한다.

"① 푸라톤 학파가 주장했다.

② 스토아학파가 같은 개념으로 주장했다.

③ 눅16:22~23이 증거한다.

④ 질병을 갖다 주는 각종 원인을 보아서,

⑤ '귀 먹은 귀신아'(막9:25)라고 한 말씀은 그 귀신에게 육체가 있을 때 귀먹어 고통 받은 사실을 말한다.

⑥ 귀신은 목마르다. ㉠ 음부에 들어간 부자가 물 한 방울을 요구했다(눅16:24). ㉡ 더러운 귀신이 물 없는 곳으로 다니기 때문이다(눅11:24). ㉢ 2천 마리 돼지 몰살 사건에서도 귀신들이 얼마나 목이 말라 있다는 것을 알 수 있다(막5:1~13). ㉣ 민속신앙에서도 물 한 그릇을 떠 놓고 제사하고 또한 제

사 지낼 때 냉수로 밥알을 말아 제사한다."

이렇게 성경 아닌 다른 것에 근거를 찾고 성경을 제멋대로 갖다 붙이는 이런 주장에 대하여 더 이상 논할 필요가 없는줄 안다.

그런데 한국의 대교단인 T측(장로교) 교인들이 줄을 서서 그리로 가며 집사, 장로들도 막 넘어간다고 한다. 그리고 거기 가서 그 귀신론을 배우는 전도사가 수두룩하며 안수 받고 숨기고 있다가 면직된 가짜 목사도 한 둘이 아니니 정말 귀신도 곡할 노릇이다. 귀신들이 "한국이 활동하기 좋아 있기는 한다만 참 한심스럽구면. 오랫 동안 성경을 배워온 너희들 마저 나를 그런 존재로 생각하니 자존심이 상해서 못 살겠다"고 하지 않겠나 하는 생각이 들 정도이다.

이제 **성경이 말하는 귀신의 기원**을 생각해 보자.

귀신은 사탄의 졸병들이며, 사탄은 그 대장이다. 그러므로 우리는 먼저 사탄의 기원을 생각해야 한다.

사탄은 천사 중 그룹 계급에 속한다. 그는 모든 피조물 중 가장 으뜸의 존재였다(겔28:12). 그의 역할은 하나님의 영광스런 임재와 거룩함을 수호하고 선포하는 자로서 일하는 것이었다. 그는 "완전한 인(印)이었고 온전히 아름다웠다"(겔28:12). 사탄에 대하여 하나님께서는 구체적으로 어떻게 해서 그렇게 되었다는 설명도 없이 "마침내 불의가 드러났도다"(겔28:15)고 하셨다. 그런데 그의 죄는 교만한 마음과 자기도취에 빠짐으로 일어난 것이다. "네가 아름다우므로 마음이 교만하였으며 네가 영화로우므로 네 지혜를 더럽혔음이여"(겔28:17)한 말씀은 사탄의 타락 원인이 교만 이었음을 분명히 밝힌다. "너 아침의 아들 계명성이여, 어찌 그리 하늘에서 떨어졌으며, 너 열국을 엎은 자여, 어찌 그리 땅에 찍혔는 고, 네가 네 마음에 이르기를 내가 하늘에 올라 하나님의 뭇별 위에 나의 보좌를 높이리라, 내가 북극 집회의 산 위에 좌정하리라, 가장 높은 구름에 올라 지극히 높은 자와 비기리라"(사14:12~14).

이렇게 천사 중 지도계급에 있는 자가 교만하여 하나님의 보좌 를 넘보다가 쫓겨난 것이 바로 사탄인 것이다.

계속해서 귀신의 기원을 살펴보면 다음과 같다. 모든 천사는 완전하게 창조되었다(겔28:15). 사탄의 최초 반역시에 그는 그 보다 못한 천사들을 굉장히 많이 아마도 피조 된 모든 천사 중 삼 분의 일 가량을 끌어 들였다(계12:4). 그렇기 때문에 마귀와 그의 사자들(마25:41)(마귀는 사탄의 다른 이름)이라는 말씀이 있다. 사탄의 천사들을 지금은 귀신이라 부른다. 그러므로 귀신은 사탄 의 신복들이며 하나님과 그의 백성들을 대적하는 사탄의 계획을 돕는 자들이다.

이 이론의 근거는 다음과 같다.

① **사탄과의 관계의 밀접성이다.** 성경에서 어떤 병행적 표현을 보면 탁락한 천사와 귀신은 밀접한 관계에 있다. 예를 들면, 마

25:41의 마귀와 그 사자들, 그리고 계12:7의 용과 그의 사자들, 또한 마12:24 귀신의 왕 바알세불 등이 그것이다(바알세불은 사단이다. 마12:26). 사탄의 사자, 귀신은 항상 종속적으로 나온다.

② 존재의 구성요소의 유사성

천사를 일컬어 영이라 부른다(시104:4, 히1:14). 타락한 천사인 사탄도 영이다 마찬가지로 귀신들 역시 영으로 불린다(시8:16, 눅10:17,20). 그런데 다른 곳에서는 귀신이 "더러운 영"(눅11:19~26) "악귀"(눅8:2)로 불린다. 후자의 명칭은 "악한 자"라고 하는 사탄의 한 가지 명칭과 맞아 떨어진다(요17:15, 요일5:18).

③ 활동의 유사성

마치 귀신들이 사람 속에 들어가 지배하고자 하는 것처럼(마17:14~18, 눅11:14~15) 사탄도 마찬가지이다(눅22:3). 악한 천사들은 주관자 사탄과 함께 하나님과 사람을 대항하여 싸우는데(계9:13~15, 12:7~17) 귀신들도 마찬가지다(막9:17~26, 계9:1~11).

④ 동일시(같은 부류로 봄) 되는 표현이 충분히 많다.

사탄의 천사(사자)들과 귀신들을 언급하고 있는 곳마다 병행하고 있으며 그들을 구별할 만한 충분한 이유는 없다. 요컨대 그들이 동일하지 않다면 귀신의 기원이 성경에 나와 있을 곳은 아무데도 없다.

2) 귀신의 활동

첫째, 귀신은 당돌하게도 하나님의 인격에 대해서 대적하며(요일3:7~15, 히2:14), 하나님의 계획을 방해한다(엡2:2, 마4:1~11). 또한 만국을 미혹하며 각국의 정부에 영향력을 행사하여 그 지배력을 넓힌다(단10:13,20, 계13:4,7). 더욱이 귀신은 구원받지 못한 자들이 구원의 진리에 접하지 못하도록 하며 거짓 종교와 세상풍속에 깊숙이 빠지도록 한다(눅8:12, 고후4:3, 엡2:1~13). 마지막으로 귀신은 예수 믿는 사람들로 하여금 내분을 일으키게 하며 참소하고 서로 비방케 하며 의심의 마음을 심어서 서로간의 분열을 조장한다(고후2:10, 계12:10, 행5:3). 이런 예는 설명을 할 필요도 없을줄 안다. 우리의 주변을 조금만 눈을 떠서 살핀다면 말이다.

둘째, 귀신의 활동을 질병과 관련시켜 생각해 볼 필요가 있다. 먼저 엉터리 귀신론을 주장하는 자들은 모든 질병의 원인을 모두 귀신의 장난으로 본다.

"모든 병은 귀신(죽은 할아버지 귀신이나 부모 귀신 등)이 접하여 일어난다.

임신시 입덧, 이빨 빠지는 것, 딸꾹질도 귀신의 짓이다. 머리비듬도 귀신의 작용으로 귀신을 쫓아내면 비듬이 없어진다.

식구가 연탄가스에 중독되었을 때도 한 사람에게만 연탄가스 귀신을 쫓아내면 다 같이 낫는다. 특히 어린아이들은 어머니에게 들려있는 귀신을 내쫓으면 자동적으로 낫는다"

정말 희한하다. 희한해, 병이 아닌 현상도 병이라 그러고 모든 질병의 원인을 귀신의 작용으로 간주하니 그 작자들 눈에는 병에 안 걸린 사람이 없고 귀신 안 들린 삶이 없을게다.

그러면 **성경은 병의 원인에 대해서** 어떻게 말하고 있는지 한 번 살펴보자.

첫째, 아담의 범죄로 모든 질병과 불행이 땅에 들어왔다(요 5:2~15).

둘째, 마귀 곧 사탄과 그 졸자들은 질병과 불행을 인간에게 일으키지만 그것도 하나님의 팔을 벗어날 순 없다(욥1:6, 2:7).

셋째, 하나님의 하시는 일을 나타내고자 하심이다(요9:1~3).

넷째, 하나님의 일을 맡은 자가 너무 자고하지 않게 하려 하심이다(고후12:7).

다섯째, 신앙 인격을 더욱 연단하여 깨달아서 더 많은 복을 주시려고(욥4:1~7).

여섯째, 자신의 부주의로 몸을 제대로 돌보지 못해서(딤전 5:23).

일곱째, 하나님께서 부르시는 병이 있다(엘리사의 경우, 왕하 13:14).

이같이 여러 가지 질병의 원인들이 있지만 우리로선 그것을 엄격하게 분류할 수 없다. 귀신이 가져다주는 질명으로 성경에는 벙어리, 소경, 불구, 간질병 등이 있지만 그렇다고 모든 병을 귀신에게 돌리지는 않는다. 자연적인 병과 귀신에 의한 병은 구별되어야 한다.

그들은 정신적 질환도 모두 귀신의 침범이라고 한다. 그렇지만 귀신에 의한 정신이상자들에겐 움추림, 벌거벗음, 침울, 겁을 내지 않는 것, 더러움, 광란적 행동, 자기 몸을 상케 하는 것 등의 특성이 있다(눅8:27~29). 그러나 단순 정신이상자들은 그와는 다른 행동 특성이 있음을 볼 수 있다.

모든 질병을 귀신의 활동과 연관시켜 생각한다면 이는 전능한 하나님의 섭리와 역사를 무시하는 행위인 것이다. 도대체 어떻게 해서 그런 생억지 같은 소리들이 교계 일각에서 나오며 또한 먹혀들어가는지 선교100주년을 맞으며 성숙한 교회를 지향하는 이 마당에 실로 부끄럽고 창피스런 일이다.

3) 귀신을 내쫓는 방법

엉터리 귀신론을 주장하며 순진한 성도들을 현혹하는 무리들이 사용하는 귀신을 쫓는 방법들은 더더욱 해괴하다. 그들은 귀신에 들렸다는 사람들(정말 들렸는지 안 들렸는지 모른다)을 마주 바라보게 하고 이상한 몸짓과 말로 정신을 오락가락하게 만들어 넘어지게 한다. 그리고 한참 후에 깨어나게 하여 "이제 당신은 귀신이 나가고 병이 나았소"라고 선언한다. 그러면 그 순진한 성도는 정말 귀신이 나갔기에 병이 나았다고 생각을 하는데 귀신도 놀랠 수법이다.

그들이 사용하는 다양한 방법을 일일이 다 기술할 순 없으나 그러한 수작들은 분명히 최면술을 사용하는 것으로 생각된다. 물론 그 동안에도 한국의 강단에서 종종 최면술이 주님의 능력을 몰아내고 판을 친 경우가 있었다. 모 목사는 교인들을 일렬로 세 워놓고 넘어지게도 일어나게도 하며 심지어는 산위의 사람들을 산 아래에서 마음대로 넘어지게도 했다고 한다.

또 눈을 감고 무아지경에 빠지게 해서 에덴동산의 생수를 마시 며 과일을 따먹는 흉내를 내게 하기도 하기 때문에 신자들은 자 기가 무슨 큰 은혜를 체험하는 것으로 생각했다. 그러나 이런 종 류의 일들은 성령의 역사라기보다 최면술이라 함이 옳을 것이다.

멀쩡한 사람에게 "귀신이 들었다, 그 때문에 무슨 병이 생겼다" 하고, 나중에 "귀신이 나가고 병이 나았다"고 하는 것은 무지한 사람에게 거짓으로 의식화 하는 것이며, 아울러 그것은 거짓 암시 를 심는 것이다. 거짓 암시를 심어 그것을 진실이라고 믿게 하는 최면술이다. 넘어졌다 깨어나게 함으로 그것을 극대화 시킨다.

그리고 넘어지게 하는 것은 최면을 거는 가장 쉬운 초보적인 방법이다. 사람이 넘어지면 정신이 몽롱해지면서 최면상태로 들 어간다. 그 후에 암시를 주므로 점차 깊은 최면상태로 유도할 수 있다. 성경에 어디 사람을 쓰러뜨리는 데가 있는가? 귀신파의 많 은 사람들이 성령운동을 한다고 하면서 사람들을 집단으로 쓰리 뜨린다. 그 후에 사람들을 마음대로 조종한다. 또 온 몸이 굳어지 게도 한다. 어떤 부흥사의 부인은 따라다니면서 교인들에게 안수 하고 몸이 굳어지게 하는데, 그 부흥사의 설교보다 그것이 더 인 기가 있다고 한다. 몸이 굳어지게 하는 것도 최면의 극히 초보단계에 속한다. 넘어지고 굳어지면 성령충만하여 큰 은혜를 체험하였다고 하니 참으로 한심하다. 귀신파에 속한 자들은 넘어졌다 깨어나면서 자신이 성령의 큰 은혜를 받아 귀신도 나가고 병도 나았다고 확신하는 어리석음에 빠진다.

최면에 걸린 사람은 전적으로 시술자의 암시에 따라 움직이게 된다. 그러나 성경은 어디를 뒤져도 초대교회 사도들 또는 선지자들이 최면술을 사용한 기록은 없다. 오히려 사술을 부리는 자를 베드로와 바울이 엄히 꾸짖으며 책망까지도 했었다.

성령과 최면술의 차이점은 다음의 몇 가지로 요약할 수 있다.

첫째, 성령의 은사는 목사가 마음대로 주고 거둘 수 없다. 사실상 누구에게 임할지도 모른다. 그렇지만 최면술은 시술자의 마음대로 상대방을 움직일 수 있다.

둘째, 성령의 은사는 기도하는 자에게 임한다. 누구든지 나가서 거지 동냥 받는 식으로 줄만 서면 믿음이야 있든 없든 무더기로 받는 게 아니다. 인격적인 성령께선 개인적으로 만나주신다.

셋째, 성령의 은사는 회개하고 십자가를 의지하는 자에게 임한다. 호기심에서 줄을 선 사람들에게가 아니라 정말 깊이 회개하고 주님의 십자가를 강하게 붙드는 자에게 임한다.

넷째, 성령의 은사는 개인적인 분명한 자각을 느끼게 한다. 최면은 시술자가 최면을 약하게 걸면 희미한 자각을 느끼며 강하게 걸면 전혀 자각이 없다. 그러다 깨어나면 자기가 도대체 무엇을 했는지 모르고 이상한 기분에 사로잡힌다. 그러나 성령의 은사는 분명한 자각과 잊지 못할 강한 기억으로 남는 경험으로 간증도 할 수 있다. 이런 사실을 생각할 때 귀신파가 하는 장난은 최면술임이 분명하다.

성경이 말하는 귀신을 쫓는 방법은 지극히 간단하다. 그것은 귀신을 마음대로 내쫓는 주님의 이름을 의지하고 기도하는 것이다. 벙어리 귀신들린 아이를 제자들이 고치지 못했을 때 주님은 "기도 외에 다른 것으로는 이런 유가 나갈 수 없다"(막9:14~29)고 말씀하셨다.

필자가 아는 모 목사는 전도사 시절 자기 형수가 귀신이 들어서 쫓아낸 적이 있다는데 그 때 아버지는 장로였고 형은 집사였다고 한다. 처음에는 답답한 마음으로 각각 장로, 집사, 전도사의 직분을 내세우며 "귀신아 나가라"고 호통을 쳤으나 아무런 효과도 없었다. 귀신들린 형수의 뺨을 치면서 호통을 하고 야단을 떨었으나 귀신은 여전히 요지부동이었다. 그러나 나중에 각각 자기의 무능을 깨닫고 "천부여 의지 없어서"라는 찬송을 부르며 주님을 의지하고 눈물로 기도하자 귀신은 즉시 떠나가고 그 여인은 정신이 온전해졌다고 한다.

물론 최면술로도 귀신이 나간다. 일반적으로 귀신 든 것을 빙의라고 한다. 일반 정신과 의사의 다수가 빙의도 정신장애라고 생각한다. 그러나 상당수의 정신과 의사가 빙의를 인정한다. 그리고 최면술로 치유한다. 그들은 환자의 상태를 그대로 인정하고, 받아들이고 최면상태에서 대화로 달래서 귀신을 내보낸다. 이것은 환자의 심력을 키워서 대화하게 하고 내 보내는 심리치료이다.

그러나 능력으로 귀신을 내쫓는 것은 주님의 이름으로만 가능하다. 요술, 시술, 최면술로는 될 수 없다. 오직 주님의 이름으로 기도할 때만 이런 일은 가능한 것이다. 지금 우리 주변에서 일어나는 일들은 결코 예사롭게 보아 넘길 일이 아니다. 이런 때일수록 정신을 차려서 주님을 의지하며 성경이 무엇이라 말하는 가에 신경을 곤두세워야겠다.

(5) 전생

　고대로부터 많은 종교들은 영혼의 윤회와 환생에 대해 가르쳐 왔다. 그것은 인도에서 시작된 힌두교와 불교의 한 중요한 교리이다. 그것은 고대 이집트, 바빌론, 아시리아, 그리스에서도 발견된다.

　「환생-육체와 관계없이 의식적인 자아의 원칙에 근거하여-은 한 형상의 육체에서 다른 형상의 육체로 다시 태어나는 생물의 전생을 지배하는 높은 질서체계의 일부분이다. 환생은 우리들의 본질인 자아를 다룬 것이기 때문에, 환생은 모든 사람들에게 관련되는 최대의 문제다.

　〈환생-환생학-〉이란 이 책은 시대를 초월하여 존재가치를 지니고 있는 베다경전에 원전인 바가바드-기이타(Bhagavd-Gita)에 제시되어 있는 환생의 원리들을 설명해 줄 것이다. 이 바가바드-기이타란 베다의 원전은 기독교 성경의 사해사본(the Dead Scrolls)보다 수천년이나 더 오래된 것으로 환생을 가장 완전하게 설명해 주고 있다. 세계의 위대한 많은 사상가들이 기이타란 이 베다경전을 수천년 동안 연구해 왔다. 영적인 지식은 영원히 변화하지 않는다」(환생-환생학-, 함희준, p. 14).

　「윤회사상이란 인간의 영혼은 오랜 세월 동안 여러 모습의 다양한 생을 거치며 성숙되어 마침내 슬픔과 미망에서 벗어날 수 있다는 믿음이다. 윤회사상에서는, 죽음은 영혼의 세계에 이르는 하나의 통로에 불과하기 때문에 전혀 두려워할 대상이 아니며, 인간은 죽음을 이해해야만 삶도 이해할 수 있다고 가르치고 있다. 윤회를 결정하는 가장 중요한 힘은 각자의 영혼이 살아 있을 때 행한 행위들인 업(業, Karma)의 법칙이다. 이것은 바꿔 말하면 영혼의 진화론이라고 할 수 있다. 세상의 수많은 모순과 불의한 모습들을 이해하고 운명을 설명하는 데 있어서 가장 논리적이고 타당한 이론이기 때문에, 독선적 철학과 종교에 질린 많은 서양의 지성인들도 이제는 진지하게 윤회의 이론을 받아들이고 있다」(김영우, 전생여행, pp. 20,21).

윤회, 환생설에 따르면 인간의 영혼은 불멸이다. 그 자신이 살았을 때 한 행위에 따라 다음 생이 결정된다. 악을 행한 자는 비참한 인생으로 태어나거나 짐승으로도 태어난다. 윤회, 환생의 진리를 알고 선을 행하고 신을 섬긴 자는 환생에서 벗어나 신의 경지로 들어간다. 환생 설화 중에는 어머니가 일백만 명인 왕자 이야기도 있고 사슴이 된 왕의 이야기도 있다.

환생론자들은 성경에도 환생사상이 있다고 하면서 여러 구절을 인용한다. 그리고 예수님도 인도에 가서 환생사상을 배워 갔다고 한다. 그러나 그것은 터무니 없는 소리다. 성경의 사상은 환생설을 조금도 인정치 않는다. 인간의 영혼은 생전의 믿음 유무에 따라 천국과 지옥에 가는 것이 결정된다. 육체도 마지막에 부활하여 같은 길을 간다. 이것이 성경이 가르치는 확실한 진리다.

그런데 **환생이 사실이라면 누구나 전생이 있기 마련이다.** 요즘 많은 사람들이 전생에 대한 관심을 가진다. 과연 전생이 있는 것인가? 환생의 지지자들은 많은 사람들이 전생의 회상을 경험해 오고 있기 때문에 환생이 사실이라고 주장한다. 소위 말하는 전생의 회상은 여러 가지다(월터 마틴은 4가지로 말하였다)(그의 '뉴에이지 이단운동', pp. 106~108).

① 직관적 회상

직관적 회상 또는 기시(旣視, deja vu)는 어떤 사람이 어떤 일을 처음 보거나 또는 어떤 사람을 처음 만났는데도 불구하고 전에 같은 일을 보았다거나 또는 같은 사람을 보았다고 하는 감정 또는 강한 느낌의 경험이다. 환생론자들은 이것이 그 사람이 전생에 그곳을 방문했거나 또는 그 사람을 실제로 만났다는 증거라고 주장한다.

② 자연발생적 회상

자연발생적 회상은 늘 그런 것은 아니나 대개 자신이 전생에 살았던 어떤 다른 사람이라고 주장하는 어린이들에게 나타난다. 환생론자들은 이 경우 실제 과학적으로 증명되는 것들도 있기 때문에 반박할 수 없다고 주장한다.

③ 심령술적 회상

심령술적 회상은 교령회(交靈會), 중매(mediums) 또는 초감각적 지각(ESP)의 경험들을 통해 전생을 기억하는 것이다. 환생론자들은 이 수단들을 통해 얻는 지식이 초자연적이므로 분명히 진실하다고 주장한다.

④ 최면술적 복귀

최면술적 복귀는 최면술을 통한 전생의 회상이다. 환생론자들은 어떤 사람이 최면술에 걸려 자신의 전생을 기억한다면 전생을 경험한 것이 틀림없다고 주장한다. 이것이 전생의 기억을 입증하기 위해 제시되는 가장 통속적인 주장이다.

그런데 이상의 주장들은 한 가지도 성경의 지지를 받거나 합리적이지 않다. 그러나 일일이 비판하는 것은 지면 관계로 생략한다. 단지 최면술적 복귀에 대하여는 앞으로 비판적으로 논하고자 한다.

전생의 회상에 대하여 정신과 의사 김영우는 다음과 같은 말로 설명하기 시작한다.

「얼마 전 국내에서 번역 출간된 미국의 정신과 의사 브라이언 와이스(Brian Weiss)의 《나는 환생을 믿지 않았다》는, 최면을 이용하여 환자를 퇴행(退行)시켜 과거에 살았던 전생의 기억들을 찾아내고 그 기억들 속에서 현재의 문제들의 원인을 찾을 수도 있다는 내용을 담고 있다. 최고의 지성인이며 첨단의 과학자라고 여겨지는 정신과 전문의가 이런 신비롭고 믿기 어려운 이야기를 한다는 것은 일반인들에게는 하나의 충격이었다」(전생여행, pp. 23, 24).

그리고 그는 자신이 겪은 임상체험을 말한다.

「작년 늦여름의 어느 날, 가벼운 우울 증세가 있던 한 여자 환자가 깊은 최면상태로 유도되어 전생의 기억들을 생생히 떠올리게 되었다. 그 환자가 본 것은 서기 800년 경의 중국에 살았던 40대 장군의 모습이었다. 체격이 장대하고 검은 바탕에 금빛 수가 놓인 화려한 가죽신발에 갑옷을 입고, 멀리 새벽안개가 허리를 싸고 있는 산들과 강이 보이는 바위 위에서 적군에게 포위되어, 날이 밝으면 마지막 항전을 하다가 죽으리라는 참담한 심정으로 앉아 있던 모습이었다. 옷에 박힌 금빛 장식의 무늬와 감촉을 너무나 선명하게 보고 느꼈고, 가슴을 저미는 듯한 체념과 슬픔을 생생하게 느꼈다. 크고 구부러진 칼과 그 손잡이의 장식도 너무나 뚜렷했다. 죽음의 순간에는 그를 포위하고 있던 적들의 화살을 등에 맞아 가슴까지 관통당했고, 산 위의 정자와 같은 곳의 기둥에 기대앉아 숨이 끊어졌다. 화살이 꽂힌 등과 가슴의 통증은 뻐근하게 전류가 흐르는 듯했고, 잠시 후 피에 젖은 자신의 몸을 내려다보며 공중에 떠 있을 때에는 마음이 편안했고, 고통은 없었다.

환자는 자신의 가슴을 뚫고 나온 화살촉의 모양을 깨어난 후 정교하게 그림으로 그려주었는데, 스스로도 무척 놀란 표정이었다. 꿈에도 상상한 일이 없는 풍경과 사람들의 모습, 그 생생한 현실감이 환각이라고 부정할 수가 없었고, 그 장수가 자신이라는 본능적인 자각과, 상황에 따른 감정의 직접적 체험은 경이로운

것이었다. 사람들이 자신을 '우장군'이라고 불렀다는 것도 기억
했다. 그 후에도 이 환자는 다른 많은 전생의 기억들을 나와 함께
찾았다. 그 중에 무척 흥미로운 것들이 많지만 그 얘기는 다음 기
회로 미룬다」(앞의 책, pp. 25,26).

그리고 그는 계속해서 자신의 환자로부터 전생에 대한 긴 여행
을 다음과 같은 말로 시작하여 한 권의 책으로 엮었다. 그것이 바
로 "전생여행"이다.

「지난 가을의 어느 오후에 나는 전화로 면담 예약을 했던 새로
운 환자를 만났다. 그는 전생 퇴행에 대한 관심으로 나를 찾아온
사람들 가운데 하나였다. 스물여섯 살의 남자로, 대학을 졸업하
고 평범한 회사에 다니고 있는 젊은이였는데, 마음씨 좋고 호감
이 가는 얼굴에 큰 체격을 가지 건장한 사람이었고, 이름은 원종
진이었다」(p. 27).

원종진은 최면상태의 만남에서, 1회-조선시대의 비구니의 삶,
2회-스페인과 인도네시아의 삶, 3회-조선, 고구려, 스코틀랜드
의 삶, 4회-아프리카의 삶, 죽은 후의 세계와 미래의 예언, 5회-
여덟 번째의 삶, 예언, 6회-김영우의 전생, 원종진과의 관계, 교
훈과 예언, 7회-제 3의 방, 빙의현상과 예언, 8회-동물의 영혼
사랑, 정치가의 비밀, UFO, 정신병의 원인, 9회-이집트에서의
삶, 인구증가와 심판에 대한 교훈, 10회-고통의 의미, 수행, 전쟁
과 평화에 대하여 말한다. 원종진은 한 때 김영우와 형제였음을
말한다. 그리고 김영우는 그것을 받아들인다.

김영우는 전생은 존재하며, 최면으로 그 기억을 되살릴 수 있고, 이유를 알 수 없는 질병과 정서 장애 중 많은 경우 전생에 그 원인이 있으며, 그 전생을 기억하므로 치유되거나 치유의 단서를 찾을 수 있다고 한다.

이러한 주장은 많은 사람의 호기심을 불러일으키고 많은 사람에게 충격을 주었다. 왜냐하면 이런 주장이 어떤 비술가나 점술가가 아닌 정신과 전문의 입에서 나왔기 때문이다.

그런데 윤회사상을 믿고 있는 불교와 이슬람과 힌두교 그리고 뉴에이지 운동이, 최면을 통해 전생을 기억할 수 있다고 하면서 그것을 근거로 기독교 신앙을 부인하려고 한다. 사회 깊숙이 침투해 있는 뉴에이지 운동은 환생 교리를 이런 최면술을 이용하여 정당화 하려고 한다.

「'뉴에이지 운동'은 그 창시자를 잘 알 수가 없습니다. 다만 1875년 러시아에서 미국으로 이민 온 헤레나 테트로브나 블라바츠키에 의해 뉴욕에서 창립한 '신지학 협회(The Theosophical Society)- '신적 지혜'라는 뜻-를 통해서 힌두철학을 이식한 것이 '뉴에이지 운동'이라고 알고 있는 정도입니다. 뉴에이지 운동은 1960년에 부상하고 1980년대에 완전히 표면화되었습니다. 특히 지난 25년간은 전 세계 모든 매스컴을 총동원하여 이 운동을 찬양 선전하였습니다. 현재 미국에서는 3,500~5,000만 명이 이 조직에 연루되어 있습니다.

뉴에이지 운동은 어떤 교파를 형성하여 사회에 침투하는 것이 아닙니다. 반핵, 반전, 군축, 평화운동 등의 가치를 내걸어 사람들의 관심을 끌고 다음 단계로는 건강 생활 프로그램을 앞세워 사회 각계각층에 침투해 들어오고 있습니다. 특히 요가, 명상, 마인드 콘트롤, 초능력요법, 최면술, 자기암시, 귀신놀이 등으로 침투하고 있습니다. 특히 TV나 VTR 등을 통하여 안방에까지 마구 파고들고 있습니다.

서적으로는 "성자가 된 청소부", "빵장수 야곱", "배꼽", "꼬마 성자", "빠빠라기", "인도로 가는 길" 등이 있는데, 내용은 인간 자신의 수련이나 구도행위, 자각 등으로 신적 존재가 될 수 있다는 것입니다. 특히 아무 생각없이 여성들이 목걸이나 귀걸이로 사용하는 것들 가운데 뉴에이지 상징물이 많습니다.

뉴에이지 운동의 근본정신을 간략하게 요약하면,

① **예수 없이도 신이 될 수 있다**는 윤회설을 믿습니다.

② **하나님과 이방의 모든 신들을 동등하게** 봅니다.

③ 과학과 미신을 같은 단계로 보며, **근본적인 선과 악은 존재하지 않는다**고 믿습니다.

④ **인간의 최고 목표는 자신의 행복을 추구하는 것**이며, 하나님을 위하는 기독교의 인생론을 멸시하며, 죄의 기준도 기독교와 다릅니다.

뉴에이지 운동의 중요 교리를 몇 가지만 간단히 설명하겠습니다. 하나님은 인격적인 하나님이 아니고, 하나의 에너지로 보며, 범신론 사상을 신봉합니다. 예수는 전생에 다른 사람과 같이 유혹을 받았으나, 굴하지 않았기 때문에 이생에서 다른 이와 조금 달랐을 뿐이다. 그는 많은 노력을 통해 세상의 구주가 될 자격을 얻었다고 합니다.

하나님은 죄를 용서하거나 형벌을 내리는 분이 아니기 때문에 구원이란 바른 인간관계를 갖기 위해, 용기와 이해를 가지기 위해 힘쓰는 것이라고 합니다. 하나님은 천국과 지옥을 만들지도 않았고, 천국은 오로지 마음의 상태이며, 최후 심판은 모든 사람이 궁극적으로 무엇이 가치가 있는지 없는지를 이해케 하는 것에 불과하다고 합니다.

그리고 모든 존재는 이 땅에서 자신이 행한 업에 따라 부단히 환생하여 하나님의 온전하심과 같이 온전해질 때까지 계속 윤회하면서 진화한다고 합니다. 그들은 새로운 시대에 들어가면 인류가 세계의 전수자이며, 세계의 구주가 되는 하나의 주기가 된다고 합니다. 이 영광스러운 등장을 위한 미래는 인간의 어깨에 달려 있다고 합니다.

그들은 기독교의 용어를 쓰고, 기독교의 탈을 쓰고 있으나, 기독교는 아닙니다. 철저한 인본주의요, 범신론이요, 기독교와 동양 종교를 혼합한 혼합종교로 믿음이 약한 자나 젊은 세대를 잠식하고 있습니다」(전용복, 뉴에이지 운동에 빠진 아들 때문에, 바른신앙, '98.2호, pp. 166~168).

뉴에이지는 동양 특히 인도의 사상을 주로 한 종교혼합주의이다. 그 근본 교리는 예수 없이도 신이 될 수 있다는 윤회설이 그 첫째다. 뉴에이지는 특히 젊은이들에게 종교 아닌 종교로 큰 영향을 미친다. 윤회, 환생 사상은 신세대들에게 인기가 높다. 전생 주장은 그들이 허무맹랑한 운명론에 사로잡혀 현실을 도피하거나 미혹에 빠지는 심리적 병인으로 작용한다.

그런데 한편으로 뉴에이지는 기독교 이단이라 할 수 있다. 뉴에이지가 말하는 10가지 주요 교리는 ① 하나님 ② 삼위일체 ③ 예수 그리스도 ④ 구속 ⑤ 구원 ⑥ 천국과 지옥과 최후의 심판 ⑦ 악마적 능력들 ⑧ 예수님의 재림 ⑨ 환생 ⑩ 뉴에이지 등으로 거의 다가 성경적 용어로 되었기 때문이다. 물론 내용적으로 전혀 성경과 반대되는 것은 틀림없다. 그저 기독교적 옷을 입고 있는 것이 사실이다. 그러나 철저히 기독교적 이름으로 기독교를 왜곡하므로 기독교적 이단이다.

이러한 뉴에이지가 전생을 강력히 주장하며, 그 주장은 최면에 의한 전생 회상으로 크게 힘을 받는다. 그리고 뉴에이지가 기독교적 탈을 쓰고 있으므로 순진한 교인들도 영향을 받는다. 뉴에이지에 의한 전생사상은 교회 안에도 교묘하게 침투해 들어온다.

이제 마지막으로 윤회, 환생, 그에 따른 전생은 과연 있는 것인가? 최면상태에서 생생히 기억되는 전생은 사실인가? 그렇게 선명하게 재현되는데 사실임이 틀림없지 않은가? 하는 문제에 대하여 말하고자 한다.

이 문제는 아주 심각한 문제다. 우리 인생, 나아가서 모든 생명체의 근본을 파악하는 요체가 되는 문제다. 그리고 우리 기독교와 여러 주요 종교 중 어느 종교가 참된 것인가를 결정짓는 문제다. 이 문제의 답에 따라 인생의 철학, 윤리, 도덕, 예술 등이 달라질 수 밖에 없다.

그런데 이 문제에 대한 답은 아주 간단하다. 하나님이 주신 유일한 진리인 성경 말씀이 전생 따위는 없다고 하기 때문이다.

그래서 스스로 기독교인 것처럼 가장하는 뉴에이지는 이것을 넘어서기 위하여 신구약 성경에 환생을 주장하는 많은 내용이 있다고 한다. 그 중에 하나만 예로 들어 설명하겠다. 그것은 세례 '요한'이 바로 '엘리야'라는 주장이다. 예수님이 그렇게 말씀하셨다는 것이다. 이 문제에 대한 답은 마크 C. 올브레크의 설명으로 대신코자 한다(박영호 역, 뉴에이지 운동과 환생, pp. 49~50).

(뉴에이지는 예수님이 '세례 요한을 엘리야의 환생'이라고 명확하게 말한다고 한다.)

「문제가 되는 두 번째 본문이자 가장 복잡한 구절은 세례 요한과 엘리야에 연관되어 있다. 당시의 일반적인 유대 신앙은 메시아가 나타나기 전에 엘리야가 "만물을 회복시키기 위해서" 다시 돌아오리라는 것이었는데, 예수님께서도 확인하신 신앙이었다. 예수님께서는 복음서에서 환생을 가리키는 것으로 이해할 수도 있는 세례 요한에 대한 진술을 세 차례 하셨다.

첫째 진술은 마태복음 11:14로, "만일 너희가 즐겨 받을진대 오리라 한 엘리야가 곧 이 사람이니라." 뒤에 예수님께서는 마태복음 17:12~13에서 재차 말씀하셨다. "내가 너희에게 말하노니, 엘리야가 이미 왔으되, 사람들이 알지 못하고 임의로 대우하였도다. 인자도 이와 같이 그들에게 고난을 받으리라 하시니, 그제야 제자들이 예수님의 말씀하신 것이 세례 요한인 줄을 깨달으니라." 마가복음 9:13에서도 동일한 주제의 말씀을 듣게 된다. "그러나 내가 너희에게 이르노니, 엘리야가 왔으되, 기록된 바와 같이 사람들이 임의로 대우하였느니라."

따라서 그것은 예수님의 말씀 – '기록된 바와 같이' – 대로라면 엘리야는 실제로 다시 돌아온 것처럼 보인다. 그런데 문제의 골자는 그가 '어떻게' 돌아왔는가 하는 것이다. 마가복음 9:13에 나오는 성경의 예언에 대한 예수님의 언급은 말라기에 기록되어 있다. "보라 내가 내 사자를 보내리니, 그가 내 앞에서 길을 예비할 것이요"(3:1). "보라 여호와의 크고 두려운 날이 이르기 전에 내가 선지 엘리야를 너희에게 보내리니"(엘리야의 역할을 하는 자를 보내리니)(4:5). 세례 요한의 수태를 사가랴에게 알려주었던 천사는 이 진술들을 자세하게 설명했다. "저가(요한) 또 엘리야의 심령과 능력으로 주(예수님) 앞에 앞서 가서"(눅 1:17). 그 천사는 사가랴에게 아들이 엘리야가 환생한 것으로 결코 말하지 않았다.

세례 요한이 자신의 사역을 시작하자, 대중들은 그의 정체에 관해서 혼란을 일으켰다. 그 문제를 해결하기 위해서 유대 종교 지도자들은 제사장들과 레위인들의 대표자들이 요한을 만나도록 예루살렘에서 파견하였다. 그들은 요한에게 물었다. "네가 누구냐 … 엘리야냐" 가로되 "나는 아니라… 나는 선지자 이사야의 말과 같이 주의 길을 곧게 하라고 광야에서 외치는 자의 소리로라" 하니라(요1:19~23). 여기에서 요한의 부정은 아주 중요하다. 우리는 또 예수님께서 "세례 요한이 엘리야"라고 말씀하거나 또는 그 대화 속에서 환생을 언급하지 않으셨음을 역시 주목하지 않을 수 없다. 오히려 우리는 성경 유형론(typlogy)의 전형적인 표본을 보고 있는데 환언하자면 세례 요한은 엘리야의 한 '유형'이었다. 그는 말라기에서 예언된 것처럼 엘리야의 역할을 성취했다. 세례 요한은 엘리야와 동일한 능력이나 영적 특징의 자질을 소유했다. 이것은 누가복음에 나오는 구절에서 가장 명료하게 드러나 있는데, 요한은 "엘리야의 '심령과 능력으로' 주 앞에 갈" 것이다.

필히 짚고 넘어가야 할 또 다른 점은 이렇다. 즉 환생설에서 죽음은 재생을 앞서지 않으면 안 되는데도 엘리야는 결코 죽지 않았다. 열왕기하 2:11에 따르면, 엘리야는 "수레를 타고 하늘로" 들려 올라갔다. 결국 엘리야가 변화산 위에서 모세와 더불어 다시 나타났을 때(마 17, 막 9), 제자들 사이에서 그가 누구였는지에 관해 혼란이 전혀 없었던 것이 중요하다. 그들은 모세와 엘리야를 즉각 알아보았고, 또 그들은 어느 쪽도 세례 요한과 혼동하지 않았다.」

히 9:27에 "한번 죽는 것은 사람에게 정하신 것이요, 그 후에는 심판이 있으리니"라고 하였다. 심판 받아 신자는 천국에 불신자는 지옥에 간다. 예수님은 우리 구원을 위하여 단번에 십자가의 제물이 되셨다. 누구나 그 사실을 믿으면 구원 받아 천국 간다. 믿지 않으면 지옥에 간다. 인간의 삶은 한 번 뿐이다. 이 한 번의 삶으로 내세가 결정된다. 그 후에는 영원히 변동이 없다. 이것이 성경이 주장하는 한결같은 진리다.

그러면 뉴에이지가 주장하고 최면상태에서 나타나는 전생 회상은 어떻게 설명할 것인가? 그것은 우리 앞에 나타나는 현상이지 않은가?

① 그것은 어릴 때나 이전의 기억의 회생일 수 있다.

우리는 지난 일에 대하여 극히 일부만 기억한다. 그것의 대부분은 기억하지 못한다. 특히 어릴 때의 일은 거의 기억하지 못한다. 그러나 그 모든 것은 우리의 잠재의식 속에 남아 있다. 심지어 태중에서 들은 음악도 남아 있다고 한다.

그러한 기억이 최면상태서 되살아날 때 마치 그것이 전생인 것처럼 착각하게 된다. 어쨌든 전생을 설정하고 믿으려는 사람에게는 그렇게 생각될 수 있다.

② 그것은 평소에 전생이 있다고 생각하고 자기 나름대로 상상으로 생각한 것들의 회상일 수 있다. 많은 사람들은 전생에 대하여 듣고, 그것이 헛된 망상이나 우매하여 맹신한다. 그러면서 자

신의 전생을 알고자 한다. 그러면서 많은 상상을 한다. 수없이 자신의 과거에 대한 그림을 그린다. 필자가 아는 어떤 여인을 자기가 승려가 못된 것을 아쉬워하였다. 그러다가 자기의 전생이 인도의 어떤 절의 중이었음을 알았다. 그 후 그 여인은 이곳의 생활을 정리하고 인도로 가겠다고 하였다.

우리가 상상으로 하는 모든 생각도 우리의 잠재의식 속에 저장된다. 그것이 최면상태에서 되살아날 때 마치 그것이 전생인 것처럼 착각하게 된다. 아주 신기하게 느껴지면서 틀림 없다고 생각하게 된다.

③ 그것은 우리가 알지 못하는 어떤 심령작용일 수 있다.

우리는 우리 자신의 심령에 대하여 극히 작은 지식만 가지고 있다. 그 존재 자체, 성질, 작용 등에 대하여 극히 부분적이고 추상적인 지식만 가지고 있다. 그리고 그것에 대한 탐구는 극히 미약하다. 또 그것의 많은 부분, 아주 깊은 부분은 우리의 연구대상 밖이다. 과학적으로 연구할 대상이 아니다.

예를 들어 우리가 꿈을 한 번 생각해 보자. 우리는 모두 꿈과 친숙하다. 꿈은 다른 깊은 심령작용보다 우리가 체험하고 대부분 의식적으로 기억한다. 우리는 꿈속에서 현실성이 있는 어떤 행동도 한다. 또 어떤 경우에는 전혀 현실성이 없는 환상적인 일을 겪기도 한다. 그야말로 전생이라 할 수 있는 신기한 체험을 하기도 한다. 이러한 꿈에 대하여 요셉, 다니엘은 하나님이 주신 지혜로 잘 해석하였다. 세상에 꿈 해몽가도 더러 있다. 그러나 보통 사람들은 잘 알지 못한다. 그런데 그 꿈이 어떻게 생기는지는 더욱 모른다.

최면상태에서의 전생 회상은 꿈과 비슷한 심령작용의 하나로 볼 수 있다. 우리가 알 수 없고 해석할 수 없는 어떤 신비한 심령작용의 하나일 수 있다.

④ 그것은 사탄의 술수일 수 있다.

마인드 콘트롤이나 최면은 겉으로 볼 때 종교와는 아무런 상관이 없는 것 같이 보인다. 그들 스스로도 종교가 아닌 과학이요, 차원 높은 정신학문이라고 주장하고 있다.

그리고 그것들은 우리가 살아가는데 유익을 주는 것도 많다. 최면의 유익한 활용에 대하여는 앞에서 이미 말하였다. 많은 사람들이 최면에 매력을 느낀다.

그런데 최면은 고도의 심령문제에 속하는 것으로 사탄의 공략 대상이 되기 쉽다. 사탄은 우는 사자와 같이 두루 다니며 삼킬 자를 찾아 헤맨다. 그러면서 성도라 할지라도 틈만 나면 공략한다. 특히 최면 같은 심령문제를 취급하는 것을 공략하는 도구로 삼기 쉽다.

예수님께서 마귀에게 이끌리어 광야에서 시험을 받으실 때 마귀가 천하만국과 그 영광을 보여주었다(마4:8). 그 때의 천하만국은 환상이었다. 이런 능력을 가진 마귀가 최면 상태에 빠진 자를 전생인 듯 한 환상의 세계로 인도하는 것은 어려운 일이 아닌 것이다.

　최면으로 전생을 회상하는 많은 경우에 사탄의 장난이 있다고 본다. 아무리 성도라 할지라도 전행을 회생하여 체험한다면 믿음이 흔들릴 것이다. 특히 전생 회생 도중 간혹 있게 되는 예언-그 내용은 비기독교적, 반성경적이다-은 아무리 신통하게 들려도 마귀의 주술임에 틀림없다.

(6) 빈야드운동의 영적 체험 현상

빈야드 운동은 "존 윔버 목사를 중심으로 빈야드 크리스챤 펠로우쉽에 소속된 교회와 목회자들이 중심이 되어 표적과 기사를 통한 사역을 함으로써 기독교 세계에 새로운 영향을 미치고 있는 운동"이다. 이 운동은 존 윔버를 통해서 시작되었는데, 그는 "1995년 현재 61세로, 미국 캘리포니아주 애너하임시에 있는 '빈야드 크리스챤 펠로우쉽' 교회의 설립 목사이며 국제 빈야드 사역의 회장"이다.

이 운동에서의 중심 되는 표어는 "능력전도"이다. 그리스도인들이 전도 현장에서 당면하는 현실 특히 선교사들이 선교현장에서 당면하는 현실을 "능력대결"이란 말로 표현하고, 능력대결의 현장에서 하나님의 능력을 드러냄으로써 전도의 효과를 극대화하는 것을 가리켜 능력전도라고 한다는 것이다. 오늘날 교회의 문제는 더 이상 성장하지 못하고 멈추거나 마이너스 성장하는 것인데, 그 원인은 전도 또는 선교의 현장이 능력대결의 현장임을 제대로 인식하지 못하는데 있으며, 그리하여 그 현장에서 하나님의 능력을 드러내 보이는 능력전도를 하지 못하는 데 있다고 한다.

빈야드운동의 능력전도, 신학에 대한 진술과 평가는 본고에서 취급하지 않기로 한다(관심이 있는 분은 "빈야드운동 무엇이 문제인가?-김성봉, 오덕교, 이광희 저"를 보시기 바란다.) 본고에서는 단지 빈야드 운동의 영적 체험현상에 대해서만 취급하기로 한다.

빈야드주의자들은 개혁주의자들이 성령의 일반은사를 강조하는 것과는 달리 특이한 현상, 또는 육체적인 현상을 신앙의 필수 요건으로 간주한다(능력 치유, p. 351).

이 문제에 있어서 먼저 김성봉의 "빈야드의 영적현상에 대한 개혁주의적 평가(위 책, pp. 67~75) 부분을 발췌 소개하므로 빈야드의 영적체험 현상을 밝히고 그에 대한 평가를 하는 것을 대신코자 한다. 그리고 이어서 본서의 주제에 따른 평가를 하고자 한다.

먼저 김성봉의 빈야드의 영적체험 현상에 대한 소개와 평가를 보기로 하자.

① 빈야드의 소위 '영적 체험 현상'

첫째는 몸의 진동과 떨림이다. 몸의 떨림은 신체의 일부나 전체에 나타날 수 있고, 땀을 흘리거나 숨을 깊이 쉬거나 또는 맥박이 빨라지는 현상이 수반될 수 있다고 한다. 이러한 떨림에는 평온한 진동과 격렬한 진동이 있는데, 전자는 "영적인 갱신이나 목회 사역을 위해 성령께서 능력을 부어주시는 일과 관련"이 있고,

후자는 "성령께서 악령과 대치하는 경우, 또는 어떠한 심각하면
서도 회개하지 않은 죄나 마음의 상처와 관련"이 있다고 한다(능
력치유, p. 355).

둘째는 고꾸라지는 현상이 있다. 이 현상은 성직자들에게 나타
나기도 하고, 규칙적으로 머리를 땅에 짓찧기도 하는데 이를 체
험하면 새로운 능력으로 가득 차게 된다고 윔버는 주장한다(능력
치유, p. 356).

셋째로 술 취한 듯한 행동이 있다. 이 현상은 "하나님의 은총을
새로이 깨닫거나 하나님의 놀라운 용서를 체험하고 난 후" 걸음
걸이가 비틀거리고, 말조차 더듬거리게 된다고 한다(능력치유,
p.359).

넷째로 몸부림치거나 경련을 일으키는 형상으로 "이런 현상에
는 뛰어 오르내리거나 손발을 움츠리면서 개발처럼 만들거나 얼
굴을 찌푸리거나 몸이 경직되는 등의 여러 형태"가 있으며, 이러
한 현상은 주로 성적인 범죄로 인한 내적인 갈들이 표출되는 경
우에 자주 나타난다고 한다.

다섯째로 웃거나 흐느껴 우는 현상이 있다. 갑자기 낄낄대거나
웃음을 터뜨리기 시작하여 몇 시간 동안 때로는 며칠 동안이나
계속되는데, 이러한 경우는 정서적인 치유가 필요하거나, "새롭
게 하나님의 거룩함을 체험한 데서 오는 반응(흐느낌), 또는 그
분의 은총을 체험한 데서 오는 반응(웃음)일 수도 있다"고 한다
(능력치유, p. 362).

마지막으로 장시간에 걸쳐 열렬하게 하나님께 찬송을 돌리는 행위가 있다. 윔버는 이러한 경우 "방언의 은사를 받는 일과 관련되어 있으며, 성령의 능력을 새로이 부여받았다는 징표로 나타나는 것이 보통이다"라고 하였다(능력치유, p. 363).

존 윔버를 비롯한 빈야드주의자들은 내적으로 들려오는 음성이나 투시, 또는 직관을 하나님의 음성으로 간주하여 신앙을 주관화하고, 진동이나 넘어짐, 낄낄대며 하루 종일 웃어대는 웃음, 몸부림치는 것과 같은 육체에 나타나는 현상을 영적인 체험으로 간주하여 체험만이 신앙의 기초인 것처럼 주장하고 있다.

② 빈야드의 영적 체험 비판

그러나 우리는 윔버가 주장하는 현상들이 성경적인 배경을 갖고 있지 않다는 것을 발견하게 된다. 물론 윔버는 그의 주장을 정당화하기 위해서 많은 성경 구절을 인용하지만, 그의 성경 인용은 대부분의 경우 적절하지 않다.

몇 가지 예를 들어보자, 윔버는 넘어지는 현상이 은혜 체험의 현상이라고 말하면서 에스겔서 1:28을 인용한다. 그러나 에스겔이 엎드린 것은 성령이 임해서 넘어진 것이 아니라 하나님의 위엄을 느끼고 스스로 엎드린 것이다.

또한 고꾸라지는 현상이 성령의 역사라는 것을 설명하기 위해서 예수를 잡으러 온 군사들(요18:6), 무덤을 지키던 파숫군(마28:4), 귀신이 고꾸라진 것(막9:20)을 제사하였지만(능력치유,

p. 359), 이들은 사실상 하나님의 은혜와는 아무런 상관도 없는 자들이었으므로 성령의 증거와 무관한 것이다.

또한 윔버는 소위 거룩한 웃음을 예증하기 위하여 사라의 웃음(창21:6)을 열거하였는데, 성경을 자세히 보면 사라의 웃음과 빈야드의 웃음이 다르다는 것을 발견하게 된다. 빈야드주의자들의 '거룩한 웃음'은 소리 내어 깔깔대며 웃지만, 사라는 "속으로" 조롱하는 투의 웃음이었기 때문이다.

이와 같이 윔버의 성구 인용은 문법적으로 볼 때 많은 과오가 있다. 그러므로 윔버의 주장은 성경적인 지지를 받지 못한다고 하겠다.

둘째로, 윔버의 영적 현상에 대한 설명을 지적할 수 있다. 곧 진동의 경우 평온한 진동은 목회의 소명과 관련된 것이며 격렬한 진동은 악령과 대치하는 경우라고 하였고, 고꾸라져 머리를 땅에 찧는 현상을 체험하면 새로운 능력으로 가득차게 된다는 것과 같은 것이다. 그러나 이러한 해석은 성경적인 근거나 신학적인 배경도 없는 자신의 주관적인 체험에 근거한 것들이다.

셋째로, 은사를 가진 인간을 신격화하고 있는 점이다. 윔버 부인은 사역에 대하여 말하면서 다음과 같이 말하였다. 1978년 4월경, "존은 방을 돌면서 우리를 위해 기도했는데 믿을 수 없는 능력이 그의 손으로부터 흘러나왔다. 그가 사람들을 건드리면 그들은 바닥에 뒹굴었다. 마치 전류처럼 영적인 능력이 존의 손으로부터 나왔다"(제 3의 물결을 타고, p. 56). 여기서 윔버 부인은 윔버를 은혜의 통로로 간주하고 있다.

더구나 이러한 빈야드주의자들의 주장은 사실상 성경의 가르침과 커다란 차이가 있다. 성경은 오순절에 성령의 능력이 하늘에서 내려왔다고 서술하고 있는데 반해, 제 3의 물결을 주장하는 이들은 사람의 손끝에서 하나님의 능력이 나온다고 보는 것이다.

이와 같이 그들은 이적이 하나님에게서 온 것처럼 말하면서도 인간을 이적의 근거로 설명하였다. 모든 이적이 하나님에게서 온 것이라면 즉각적인 역사가 나타나야 할 것이다. 그러나 그들은 사람들을 넘어지게 하기 위해 손으로 밀기도 하고, 넘어지지 않으면 30분이고 1시간이고 계속 기도하여야 한다고 가르친다. 이러한 인위적인 작용은 초자연적이며 신적인 감화와 작용과는 무관한 것이다.

아래 부분은 긴 설명을 간단히 요약한 것이다.

「윔버의 '신비주의적 은사운동' 은 18세기 '대각성운동' 이후 모습과 유사하다. 에드워즈는 대각성운동(The Grest Awakening) 이후 모습에 대하여 "사람들은 크게 감정에 치우쳤다. 그것을 성령충만으로 생각하였다. 그러다가 최근에는 정서를 거부하고 무시하는 분위기가 우세하다"고 하였다. 그는 신앙적 판단 기준이 흐려지면서 은사주의자들이 나타났고, 은사주의자에 반대하여 합리주의자들이 등장하며 교회가 몰락의 위기에 처하게 되었다고 하였다.

그는 은사주의를 극복하기 위하여 '신앙과 정서'(Religious Affection)를 집필하였다. 그는 그 책에서 참된 신앙적인 정서는 격정, 흥분에서 오는 것이 아니다. 내적인 감동과 감화를 통해 오기 때문에 육신에 나타나는 반응이 참된 정서의 기준이 될 수 없다. 찬양하고 복음을 촉구함이 신앙적이나 반드시 참된 정서의 본질이 아니다. 몸이 달아오름, 이적, 시끄러움이 참된 은혜의 표시가 아니다. 몸의 떨림은 정신이 육체에 영향을 미친 결과로 나온 것이다. 고꾸라지는 현상, 술취한 듯한 현상, 몸부림치는 행위, 웃거나 슬퍼하는 행위가 하나님에게서 나온 것이라고 말하기 힘들다. 모든 유의 은혜로운 정서에는 가짜가 끼어 있기 쉽다. 찬송을 즐겨 부른다고 해도 구원에 이르는 신앙을 가졌다고 단정할 수 없다. 성경에 보면 한 때 열렬히 찬송하였으나 멸망한 자들이 많기 때문이다. 외식자들도 정말 하나님을 사랑하는 것과 같은 대단한 모습을 보일 수도 있다. 모든 은혜로운 정서를 흉내내는 모조품적인 정서가 존재할 수 있음을 감안한다면 그러한 정서의 표출이 반드시 은혜로운 정서라고 생각하는 것은 결코 합당치 않다고 하였다.」

이제 빈야드의 영적 체험 현상에 대한 본서의 주제에 따른 본인의 평가를 하고자 한다. 나는 빈야드의 영적 체험 현상이 어떻게 일어나게 되는가에 초점을 맞추어 말하고자 한다.

그것으로 그 평가를 대신코자 한다. 만일에 이러한 관점에서

하는 노력이 제대로 이루어진다면 그것은 그 말 많은 문제의 진단은 물론 평가도 정확하게 다 된다고 본다.

그것은 성령의 은사로 일어나는 현상으로 보기 어렵다. 그 이유는 앞의 평가에서 이미 밝혀졌다. 성령의 은사로 일어나는 현상은 성경적이다. 성경의 지지를 받는다. 왜냐하면 성경은 성령이 주신 말씀이고, 성령은 성경으로 다 말씀하셨기 때문이다. 그러나 빈야드의 영적 체험 현상은 성경의 지지를 받지 못한다. 그러니 그것은 성령의 은사로 일어나는 현상으로 보기 어렵다.

그러면 그 현상은 무엇인가? 그들이 가장 특별하다고 자랑삼아 내세우고, 우리 눈에 심히 기인한 그런 현상은 어떻게 해서 일어나는 것인가?

① 사탄의 술수일 수 있다.

사탄은 타락한 천사로 악령이며 수많은 귀신을 거느리고 악한 역사를 한다. 성령의 역사에 반대하여 수많은 영혼을 지옥으로 끌고 가기 위하여 온갖 술수를 다 쓴다. 사탄은 교회 밖에서는 물론 교회 안에도 들어와 맹렬히 활동한다. 예배시간에도 들어와 설친다. 예배시간은 사탄이 집중적으로 공략하는 시간이 될 것이다. 성도의 신앙생활에 있어서 예배가 잘 못 되면 모든 것이 잘못될 수 있으니까 사탄은 그 때에 가장 맹렬히 활동을 할 것이다.

그런데 사탄은 아주 대단한 능력을 갖고 있다. 하늘에서 불이 내려오게도 할 수 있다. 모세가 바로 앞에서 이적을 행할 때 애굽의 술사들도 제법 따라 하였다. 술사들은 사탄의 조종을 받는 자들이다. 모세가 지팡이를 던지자 그것이 뱀이 되었다. 애굽의 술사들도 지팡이를 던지자 뱀이 되었다. 모세가 지팡이를 하수 위에 펴니, 모든 물이 피가 되었다. 그러자 애굽의 술사들도 따라 하였다. 모세가 애굽 땅에 개구리가 올라오게 하자, 그 술사들도 그렇게 하였다. 그러니 바로의 마음은 강퍅해졌다.

마귀(사탄이 마귀다)가 예수님을 시험할 때 예수님을 데리고 높은 산으로 가서 천하만국과 그 영광을 다 보여 주었다. 아무리 높아도 그런 것이 다 보이는 것이 아니다. 그때에 마귀가 보여 준 것은 환상을 보여 준 것이다. 마귀는 하나님의 아들에게까지 그런 광경을 보여줄 수 있는 영물이다. 그렇게 하여 예수님도 넘어뜨리려고 하였다. 그 때는 예수님이 40일 금식기도를 막 끝낸 때였다.

그런데 마귀는 종종 광명의 천사로 가장한다. 그렇게 하면서 성도들을 넘어뜨리기도 한다. 사울이 블레셋 군대를 보고 급하여 신접한 여인을 찾았다. 그리고 죽은 사무엘을 불러 달라고 하였다. 그리하여 땅에서 사무엘이 올라왔다. 사무엘은 사울에게 블레셋에 패할 것을 말하였다. 그러자 사울은 심히 두려워하게 되었다. 그때의 사무엘은 사탄이 가장한 것이다. 그러나 사울은 그 사탄을 사무엘로 보았다. 사탄은 사울에게 두려움만 주었다. 사울은 그 전투에서 패하고 전사하였다.

마귀는 우리가 열심은 있으나 성경에 굳게 서지 못할 때, 성령께 전적으로 의존하지 않을 때 우리를 공략한다. 예배를 통하여 성령의 은사가 아닌 가짜 은사를 줄 수 있다. 생각도 못한 희한한 일이 벌어질 수 있다. 진짜 보다 더 신기하고 신비하여 속을 수 밖에 없는 것이 나타날 수 있다. 그러나 그것은 아무 유익이 없고 결국은 멸망으로 인도하는 것이 될 것이다.

② 최면에 의하여 일어나는 것일 수 있다.

장로교 합동 측의 H목사는 전국으로 다니는 부흥사였다. 그는 교인들을 일렬로 세워 놓고 넘어지게도, 일어나게도 하며, 심지어는 산 위에 사람들을 산 아래에서 마음대로 넘어지게도 했다. 또 눈을 감고 무아지경에 빠지게 해서 에덴동산의 생수를 마시며 과일을 따먹는 흉내를 내게 하기도 했다. 그래서 많은 어리석은 신자들이 자기가 무슨 큰 은혜를 체험한 것으로 생각했다. 그런데 이런 종류의 일들은 성령의 역사가 아니라 최면술로 사람들을 농락한 것이다. 집회를 인도하면서 서서히 호기심을 자극하고 차츰 암시를 주어 마침내 그런 지경에까지 이르게 하였다. 그런데 그러한 술수는 최면에서 그렇게 깊은 단계가 아니다.

최면은 주의를 집중하게 하여 각성의식이 뒤로 물러가게 하고 잠재의식이 도출되게 한 후 암시를 주어 그 암시대로 움직이게 하는 것이다. 시술자는 적당한 암시를 주고 피시술자는 그것을 받아들이게 될 때 암시에 따라 움직이는 최면상태가 된다.

빈야드의 영적 체험 현상들은 최면에 의하여 일어나는 것일 수 있다. 빈야드의 소위 영적체험 현상, 즉 몸의 진동과 떨림, 꼬꾸라짐, 술 취한 듯한 행동, 몸부림치거나 경련, 웃거나 우는 현상 등은 앞에서 말한 본능운동으로 얼마든지 일어날 수 있는 현상이며, 또 일으킬 수 있는 행동이다(pp.39~45를 읽어 보기 바란다).

무슨 말을 하는가? 그것은 최면에서처럼 암시를 주는 일이 없지 않은가? 그러나 그렇지 않다. 빈야드에서 여러 영적체험 현상은 그것은 일정한 패턴이 있다-아주 신비하게 전적으로 성령에 의하여 오는(일어나는)것 같다. 그러나 그러한 현상들은 그들에 의하여 성령의 충만을 받으면 반드시 일어나는 일이라고 강조되어진다. 그러한 현상이 없는 일반 신자들은 성령과 거리가 멀다고 말한다. 그리고 그러한 현상들은 그 개별 현상마다 어떤 의미가 있다고 해석한다. 아무런 성경적 근거없이 어떤 영적 의미가 있는 것이라고 말한다. 이것이야말로 적극적인 암시가 아닌가? 암시란 말을 쓰지 않으면서 교묘히 암시를 한다.

그리고 거기 참여한 자들은 그러한 현상들이 집회 도중에 자기에게 일어나기를 적극적으로 바라고 기다린다. 그러한 현상이야말로 성령이 자기에게 임한 것이라고 확신하면서 간절히 사모한다. 이러한 마음의 상태는 암시를 적극적으로 받아들이는 것이다.

이렇게 될 때 고대하던 그러한 현상들은 일어나게 된다. 최면에 의해서 일어나는 현상들은 암시를 받은 많은 사람들에게 동시에 일어난다.

　그리고 그들은 사람들을 넘어지게 하기 위해 손으로 밀기도 하고, 넘어지지 않으면 30분이고 1시간이고 계속 기도해야 한다고 가르친다. 이것은 전형적인 최면의 방법이다. 최면에서 넘어지게 하기 위해 손으로 미는 것은 기본이다. 그렇게 해서 한 번 넘어지면 그 다음부터는 손을 대지 않아도 쉽게 넘어진다. 또 넘어지기를 바라면서 30분이고 1시간이고 기도에 집중하면 결국 넘어진다. 이렇게 될 때까지 같은 행동을 반복하여 그 결과가 오게 하는 것도 최면에서 즐겨 쓰는 방법이다.

(7) 단순한 것의 반복

최면을 유도하는 방법에 호흡을 사용하는 방법이 있다. 심호흡, 복식호흡을 시키면서 점점 깊은 최면상태로 들어간다고 암시한다. 심호흡, 복식호흡을 천천히 계속하는 것 만으로도 최면상태가 된다. 이러한 특수한 호흡은 하나의 특수한 행동의 반복이다.

그리고 **최면을 유도하고 심화시키는 각종 방법에서 같은 말, 혹은 거의 같은 말을 반복한다.** 예를 들어 "손이 무겁다. 뜨겁다. 차갑다. 올라간다. 내려간다. 붙는다"등의 말을 반복한다. 또한 수를 세기도 하는데, 그것은 비슷한 것의 반복이다. 이렇게 같은 말, 혹은 거의 같은 말을 반복할 시 쉽게 최면상태로 들어간다. 그 반복은 단순한 암시의 반복이다.

자기최면법에서 자율훈련(Autogenes Training)이란 것이 있다. 그것은 베르린의 술츠박사가 개발하였다. 그는 최면상태의 공통적인 주관적인 느낌은 "① 팔 다리가 무겁다. ② 따뜻한 느낌이 생긴다"는 것임을 알아내었다. 그리고 그 무거운 느낌, 따뜻한 느낌을 자신의 신체에 일으키는 방법을 연구하였는데 그것이 바로 자율훈련법이다.

실제 예를 들어보겠다. "양팔, 양다리가 매우 무겁다"는 훈련을 할 경우다. 처음에 "기분이 매우 편안하다"고 한다. 그 다음에

"왼팔이 매우 무겁다"고 7번 정도 되풀이한다. 그리고 다리로 옮겨간다. 하루에 세 번 한다. 양 팔, 양 다리에 무거운 느낌이 일어나기까지는 2~4주 걸린다. 그 후에 "양 팔, 양 다리가 매우 따뜻하다"는 훈련을 한다.

이와 같이 자율훈련은 최면상태시의 공통의 주관적인 느낌을 반복적인 말로 일으키는 것이다. 그러면 바로 최면상태가 된다. 그 반복적인 말을 수동적으로 받아들일 시 그 말과 같은 결과가 일어난다. 다시 말하면 최면상태가 된다. 보통의 단순한 말과 행동도 계속 되풀이 하면 최면상태가 되는데, 최면상태 시의 가장 특징적인 느낌을 말로 되풀이 하면 더욱 쉽게 최면상태가 된다.

우리가 고속도로의 쭉 뻗은 길에서 운전할 시 나른해지고 판단이 흐려져 앞차와 추돌하거나 내리 설 때를 놓치는 경우가 간혹 있다. 왜 그럴까? 그것은 우리가 너무도 단순한 길을 계속 달리다 보니 나도 모르게 의식이 없어지고 상당한 잠재의식상태가 된 것이다. 그래서 정확한 판단을 못하게 된 것이다. 그런데 이러한 상태를 자연최면상태라 한다. 우리는 나도 모르는 사이에 생활 속에서 이러한 경험을 한다.

「불교는 최고 명상의 종교다. 명상으로 심화하고 그 맥이 이어진다. 존재의 근본(보편자, 본성, 창조성, 신)-가장 근원적인 본질-은 원초적인 의지(변화에 적응하여 개체가 되고자 하는 의지)에 의해 개별자(현상, 삼라만상)가 나온다. 이것은 다 본성을 소유하고 있으며, 본성으로 돌아가려고 한다(예, 바닷물과 파도). 어떤 변화가 있을 때 그것에 휘둘리지 말고 주시자(순수의식, 속의 궁극자의 본성)-남의 집의 불구경하듯 하는 것-가 되라. 모든 변화에서 초월이 가능하다.

명상은 주시자가 되는 것, 곧 본성에 또렷이 깨어 있는 상태가 되는 것, 내 속의 본성으로 돌아가는 것이다. 개별자의 의식, 지식, 소질, 성향을 버림으로 소아(개발자)를 탈피하여 대아(본성)를 체험하는 것이다. 그런데 이것을 구현하는 방법은 주로 바른 자세와 복식호흡으로 이루어진다. 호흡의 수를 세고(수식), 마음이 호흡을 따르고(상수), 마음이 그치는 단계(정지)에 이르러, 본성을 보고(관), 거기에 이르러(환), 조용히 거한다(정).

그런데 불교의 명상은 그저 주시자가 되어 아무것도 생각지 않는 것이라 하나, 그것은 불교 교리(범신론)의 철저한 내면화, 의식화다. 그 교리 외의 것은 철저히 생각지 않고 오직 그것에만 모든 의식을 집중하여 내면화 하므로 깊은 최면상태로 들어가는 것이다.」(전용복, 묵상과 평강, pp. 81.82).

그런데 그러한 상태는 주로 복식호흡으로 되어진다. 복식호흡이 심신을 이완시키고, 편안하게 해 주고, 생리적으로 좋은 효과를 낸다. 그런데 그 보다 **중요한 것은 같은 행동을 반복하므로** 잡념이 사라지게 하고 내면에만 집중하게 하여 잠재의식상태, 곧 최면상태가 되게 하는 것이다. 그리하여 마치 본성에 도달한 것처럼 느끼고 상당한 황홀감을 느끼는 것이다.

 최면술의 실체와 그 종교적 이용　기독교를 중심으로

단양의 천태종 구인사는 현대화 된 사찰로 그 규모가 엄청나게 크다. 여름 더운 철에 1달간 계속 매일 12시간 오직 "관세음보살"만 염송한다. 그런데 3,000명이 참가하였고, 들락날락한 숫자까지 합치면 10,000명이 넘었다.

어떻게 그런 일이 일어날 수 있을까? 그런데 그 핵심은 단순한 것의 반복이다. 그렇게 끝없이 반복하며 최면상태가 되고 황홀한 느낌을 체험한다. 그래서 한 번 체험한 자는 계속하게 된다.

불교의 염불은 고요한 적막 속에서 목탁을 두드리면서 불경을 되뇌인다. 그런데 거기에는 일정한 리듬이 있다. 염불을 계속하면 같은 것의 반복이 된다. 절을 하거나 탑돌이도 마찬가지다. 왜 그리 많이 하는가? 부처는 절을 좋아하고 돌기를 좋아하는가? 그 것은 정성도 정성이지만 같은 것을 되풀이 하는 목적이 아주 강하다. 그렇게 하면 잡념이 사라지고 최면상태가 된다. 그리하면 오로지 부처만 생각하게 되고 무아지경에 빠진다.

「단학(丹學)의 "단"(丹)은 "붉다"는 뜻으로 모든 기를 다 합친 것을 말한다. "기(氣)는 생체 에너지를 말한다. "단학"(丹學)은 기를 다루는 민족 고유의 학문이다.

그런데 기는 우주적 생명체로 몸과 마음의 연결 고리이며, 빛과 소리, 파장으로 표시된다. 그 기는 세 종류다.

① 원기-선천적이다. ② 정기-음식물, 호흡을 통해 얻어진다. ③ 진기-정신집중, 수련을 통해 얻어진다.

단전호흡은 기를 모으는 가장 대표적인 방법으로 하단전에 의식을 집중한다. 명문으로 숨을 쉰다고 생각한다. 천천히 숨을 들이쉬고 내쉰다. 숨을 들이 쉴 때 우주의 기운이 들어온다고 생각하고, 내쉴 때 몸속의 나쁜 기운이 나간다고 생각한다. 그들은 "그럴 때 차츰 모든 잡념이 사라진다. 온 우주가 내 몸 안에 들어온 느낌이 든다. 내 몸이 우주가 된 느낌이 든다. 우주와의 합일감이 충만해지고, 무한한 환희, 대자유가 넘치게 된다"고 한다.

단학의 사상은 온 우주가 하나라는 범신론에 바탕을 두고 있다. 물론 단전호흡을 할 때 안정이 되고 기분이 좋아지고 평안한 느낌이 충만해진다. 육체적, 정신적으로 여러 가지 치료가 된다. 그런 점에서 건강에 좋다. 모든 잡념을 그치고 조용히 침묵하는 명상의 가치가 있다. 그래서 동서양의 수많은 사람들이 몰린다.

그렇다고 해서, 우주가 내 몸에 들어온 느낌이 든다. 내 몸이 우주가 된 느낌이 든다. 우주와 합일감, 무한한 환희, 대 자유 운운함은 모든 잡념을 제하고 범신론 사상을 주입시키는 것이다. 이런 점은 사실상 불교와 같이 모든 잡념을 그친 가운데서 범신론 사상을 명상, 깊이 의식화하는 것이다. 다소 그런 느낌이 강해진다면 최면상태에서 그런 암시가 황홀감을 일으킨 것이다」(전용복, 앞의 책, PP. 86-88).

그런데 그러한 상태는 주로 단전호흡으로 이루어진다. 단전호흡은 복식호흡과 비슷하나 한 단계 더 업그레이드 된 것이다. 단전호흡 역시 복식호흡의 효과를 낸다. 단전호흡은 건강에 매우 유익하고, 나아가서 **같은 행동을 반복하므로** 잡념이 사라지게 하고 내면에만 집중하게 하여 잠재의식상태, 곧 최면상태가 되게 한다. 그리하여 단학에서 강조하는 우주와의 합일감이 현실인 것처럼 느껴지는 것이다.

불교, 단학 외에도 많은 명상 그룹이 있다. 그러한 명상 그룹은 종교도 아니지만 속도에 휘둘리고 복잡한 현실에 지친 현대인들에게 종교적인 역할을 한다. 수많은 사람들이 그런 데로 몰린다. 그런 데서 위안을 받고 즐긴다. 그러면서 기독교의 복음과 점점 멀어진다.

그런데 그러한 **명상 그룹의 특징**은 다음과 같다.(전용복, 앞의 책, PP. 99).

「① 편안한 자세를 강조한다. 편안한 자세가 될 때 마음이 안정되고 여유가 생기고 깊이 생각할 준비가 된다. 그래서 한결같이 편안한 자세를 갖도록 한다.

② 깊은 호흡을 강조한다. 아주 특수한 호흡법도 수행토록 한다. 깊은 호흡시 긴장이 이완되고 안정감이 생기고 명상할 준비단계가 된다. 그래서 깊은 호흡을 하도록 한다.

③ 간단한 주문을 외우도록 한다. 그 주문은 사실 별 것도 아니거나 이교적이다. 그러나 그것을 성심껏 며칠이라도 계속하여 외우게 한다. 완전히 그것에 몰입되게 하므로 깊이 빠지

게 한다. 이때에 상당한 체면상태가 된다.」

　　　┌→ 강원 홍천군
예] **천도교 가리산 수도원**(원장 조동원, 여, 78)
　　　└→ 수운 최제우 창시, 21자 주문 주다, 자기가 한울님이
　　　　　란 사실 깨친다.

'지기금지 원위대강 시천주 조화정 영세불망 만사지(志氣今至
願爲大降 侍天主 造化定 永世不忘 萬事知. 우주에 가득 찬 한울
님의 기운이 지금에 이르렀으니 제게 내려 주길 바라고 내게 모
셔진 한울님을 부모처럼 섬겨 그 한울님의 덕과 마음에 저절로
부합하게 하시고 평생 동안 그것을 잊지 않음으로써 모든 일에
지혜를 주시옵소서).

1주일간 하루 1,500번 되풀이. 지극한 정성으로 참회 땐 저절
로 도통(4:30~9 계속)

여기서도 **핵심은 같은 것의 반복이다.** 다양한 호흡을 시도하는
데 그 호흡은 같은 것의 자연스런 반복이다. 그리고 간단한 주문
을 며칠간 계속 외우는데 그것이야말로 반복의 반복이다. 그러한
그룹에서 그 주문의 내용은 별로 중요하지 않다. 핵심은 단순한
것의 반복이다. 그로 통하여 잡념을 없애고 잠재의식상태, 즉 최

면상태가 된다. 그리하여 마치 그런 것 같은 착각에 빠지게 된다.

이제 **기독교에 대하여** 생각해 보자. 기독교는 참 종교이고, 기독교만 참 종교다. 기독교는 유일한 진리의 종교다. 참 진리는 바로 성경 말씀이다. 기독교는 성경 말씀대로 나가는 종교다. 그 말씀대로 원리(교리)를 정하고, 신앙을 고백하고, 모든 신앙적 행위의 방법을 정한다. 모든 것이 성경대로 나가야 진정한 기독교다.

그런데 오늘날 교회는 어떠한가? 그렇지 못한 것이 너무 많다. 성경대로 안하는 것이 너무도 많다. 그러나 그러한 문제를 다 말할 수 없고 여기서는 최면에서 단순한 것을 반복함으로 최면에 들어가는 원리를 사용하고 있는데 대하여 말하고자 한다.

먼저 **방언**에 대하여 말하고자 한다.

「방언에 관한 신약의 구절은 막16~17(새 방언, γλώσσαις καιναῖς). 행2:3~21, 10:46, 19:6(다른 방언, ἑτέραις γλώσσαις 2:4), 고전 12:10, 28, 13:1, 14장(단순히 방언, γλώσσαι)의 세 곳으로 분류된다. 바울의 로마서나 다른 서신들, 더구나 목회서신에도 없고, 공동서신에도 방언의 언급은 없다.

막 16:17의 기사는 바로 오순절의 기사의 예언으로 보인다. 사도행전의 기사 중 2:3~21은 오순절 때의 유대인에게, 10:46은 가이사랴(고넬료)에서, 그리고 19:6은 에베소에서 각각 이방인에게 나타난 현상들이었다. 이 중에서 가장 문제 되는 것은 오순절의 기사이다. 행2:8에는 "우리가 우리 각 사람의 난 곳 방언으로 듣게 되는 것이 어찜이뇨"하였다.

(이렇게) 오순절의 방언은 다른 지방 사람들이 알아들은 방언이었다(2:9~11)(Alford, Godet 등). 그러나 사도들이 그 후에도 계속하여 다른 방언으로 전도하였다는 기록은 없으므로 아마 짧은 문장을 일시적으로 한 것으로 볼 것이다.

고린도교회의 방언은 오순절의 것과는 다른 것이 분명하다. 그것은 첫째 남들이 알아듣지 못하는 이상한 말이었다(異言:일역). 그것은 감정의 격동적인 것으로(14:14,19) 불신자들의 눈에는 광적이었다(14:23). 그것은 또한 사람 상대의 것은 아니며 하나님을 상대하는 일종의 기도로 볼 수 있었다(14:2,4).

(그런데 이러한) 이언적 방언이 교회 안과 밖에서 같이 일어나고 있으므로 이를 성령의 은사로 단순히 규정할 수 없게 된다. 현대의 심리학은 이를 정신적 황홀상태에서 오는 성대의 생리적 변화로 규정하고 있는 것이다.

요약한다면 이언적인 방언 그 자체는 심리학자의 말대로 정신의 흥분상태에서(성령의 역사로 되었든, 다른 원인에서 되었든) 오는 성대의 변화로 보아야 할 것이다. 그것이 성령의 은사의 도구로 사용된 여부는 그의 일의 열매로 판단할 수밖에 없을 것이다(갈5:22~23, 19~21). 즉 그가 바울의 지시를 따라 겸손과 사랑으로 교회를 봉사한다면 성령의 역사로 볼 것이다. 이런 견지에서 금일 한국 교회의 방언 운동에서 긍정이 가는 예를 찾기 힘든다. 더구나 방언의 은사를 받기 위해 신체적 훈련을 한다거나 방언을 기록하는 은사 운운에 이르러서는 교회의 본질을 멀리 떠난 비성서적인 것으로 지적하여야 할 것이다.」(이상근, 고린도서주석, pp. 201~203에서 발췌).

지금은 좀 덜하지만 한국 교회는 한동안 방언으로 몸살을 앓았다. 특히 오순절교회는 방언을 아주 강조하였다. 성령충만을 받으면 반드시 방언을 하게 되고, 그렇지 못한 자는 믿음이 시시한 자로 보았다. 심하게는 그러한 방언을 못하는 자는 구원도 못 받을 자인 것처럼 취급하는 분위기가 감돌기도 하였다. 그 방언을 성경의 가르침을 무시하고 전체 교회에서 공공연히 행하기도 하였다. 그러한 물결은 오순절교회를 넘어 전 한국교회를 강타하였다. 그로 인하여 수많은 문제가 야기되었다.

그런데 그러한 방언은 열렬히 기도하는 가운데 성령의 은사로 되는 경우도 있었지만, 그와 반대로 훈련을 통하여 하는 경우가 더 많았다. 많은 사람들은 방언을 열망하였다. 그래서 배우고 가르치는 일이 성행하였다. 예를 들어 "주여, 주여"를 빨리 계속 반복하게 한다. 그러면 나중에 "쭈쭈 쭈쭈"하게 된다. 또 "할렐루야"를 계속 빨리 반복하게 한다. 그러면 나중에 "랄랄랄랄"하게 된다. 그 외 방언하는 대부분의 사람들의 소리를 자세히 들어보면 어떤 같은 말을 리드미칼하게 반복한다. 그것은 어떤 말을 빨리 계속하여 되어진 증거다. 그러면서도 무슨 큰 은사를 받은 양의기양양해 하고 자랑한다.

한국 교회 이래도 되는가? 그런데 사람들은 왜 그런데 빠져들까? **그러한 행위는 아주 단순한 것의 계속적인 반복이다.** 그렇게 할 때 모든 잡념이 사라진다. 의식이 뒤로 물러나고 잠재의식상태, 즉 최면상태가 된다. 그러면 기분이 좋아지고 상당한 황홀감이 생긴다. 그래서 사람들은 그것을 성령의 큰 은혜로 착각하고 거기에 빠져든다. 그러나 그것은 성령의 은혜가 아니다. 그 결과는 참된 성령의 은혜를 모르고 사모하지 않게 되고 말씀과도 멀어지게 된다. 그리고 그러한 상태에 빠진 사람은 무비판적, 수용적이 된다. 그러니 사이비 지도자는 그것을 가르칠려고 애쓴다.

그런데 그러한 인위적, 열광적 방언이 최면적인 것으로 끝나겠지만, "주여"나 "할렐루야"에 대한 순수한 열망을 끝까지 붙든 사람에게는 성령의 은혜도 있을 것이다. 그러나 그렇게 되기는 지극히 어려울 것이다.

그 다음에 **찬송**에 대하여 말하고자 한다.

찬송은 곡이 붙은 신앙고백이며 기도이다. 신앙의 위인들이 깊이 생각하여 지은 시에 곡을 붙인 것이다. 그들의 깊은 신앙고백과 기도가 노래가 된 것이다. 우리의 신앙고백과 기도가 습관적으로 계속되는 동안에 지적으로만 흐르기 쉽고 그러다 보면 무미건조하고 생명을 잃기 쉽다. 거기에 감정적인 요소가 가미되어야만 맛이 나고 생명력이 넘치게 된다. 음악은 그것을 해결해 준다.

찬송은 우리에게 감정적인 방면에 자극을 주고 우리의 사고가 정적으로 흐르게 한다. 그래서 하나님을 뜨겁게 사랑하고 사모하게 한다. 우리는 찬송을 간절히 부름으로 내 영혼을 들어 하나님께 나아갈 수 있다. 찬송을 부를 때에 보통 때는 주님의 고난과 부활에 대하여 부르는 것이 좋다. 가사를 깊이 새기면서 간절히 불러야 한다. 같은 것을 여러 번 부르고 외우도록까지 부르면 큰 은혜가 된다. 완전히 외워서 눈을 감고 조용히 부르면 하나님 앞으로 나아갈 수 있다. 찬송은 생활 속에서 일을 하면서도 얼마든지 할 수 있다. 그 때에 가사를 외운다면 큰 유익이 된다.

그런데 우리는 그렇게 하지 못하고 찬송을 그저 습관적으로 부르고, 예사로 부르고, 잡념을 가지고 부르므로 그 가사의 내용을 생각지 못하고 부를 때가 많다. 또 곡에 취하여 내용을 생각하지 못하고 부르는 경우도 많다.

그런데 부흥회 시에나 특별기도회 시에 미리 찬송을 많이 부른다. 그 중에 특별히 "울어도 못하네" 하는 찬송을 많이 부른다. 그것도 박수를 치면서 아주 빠르게 열광적으로 부른다. 그러면서 몇 번이나 되풀이 한다. 어떤 경우에는 너무 빨라 도무지 따라 부르기도 어렵다. 그러면 말씀을 들을 준비, 기도할 준비가 아주 잘 되었다고 생각한다.

그런데 그렇게 되면 찬송의 내용을 생각하기 어렵다. 그저 곡에 취하여, 박수에 취하여 흥분상태가 된다. 어디 그 뿐인가? 그저 **같은 곡, 박수를 되풀이하므로** 온갖 잡념이 사라지고, 의식이 물러나고 무의식상태, 즉 잠재의식상태가 된다. 다시 말하면 최면상태가 된다. 그러면 상당한 황홀감을 느낀다. 그리 되면 사람들이 깊이 내용을 생각하면서 찬송하고 차분히 하나님 앞에 나아가 진심을 토하는 기도를 하기가 어렵다. 모이기만 하면 그저 박수치면서 빠른 템포로, 열광적으로 찬송을 불러야 직성이 풀린다. 그렇게 되면 참 깊은 은혜를 이해하지도 못하고 받기가 어렵다.

그런데 그런 식으로만 찬송을 한다면 최면에 빠지는 것으로 끝나겠지만 그 찬송의 내용을 끝까지 깊이 생각하는 사람에게는 성령의 은혜도 있을 것이다. 그러나 그렇게 되기는 지극히 어려울 것이다.

이제 동방교의 **"예수기도"**에 대하여 말하고자 한다.

「동방교회의 핵심은 혜지카즘신학이다. 혜지카즘의 핵심 "혜지키아"(hesychia)는 "고요, 평안, 잔잔"을 의미한다. 동방교회는 혜지키아를 이루는 것을 최고 목표로 삼았다. 신적 에너지가 빛으로 임할시 하나님을 만나게 되고 그 때에 내면에 고요, 평안, 잔잔함이 이루어진다.

그런데 혜지카즘을 이루는 자는 관조하게 된다. 고요히 하나님을 바라보게 된다. 이 때 영육협동으로 하며 호흡을 중시한다. 기도의 목적은 바로 혜지키아, 곧 내면의 고요, 평안, 잔잔함을 얻는 것이다.

그러니 계속 기도해야 되는데, 어떻게 하면 쉬지 말고 기도할 수 있을까? 그 대안으로 나온 것이 "예수기도"다. 이 기도의 주장자는 그레고리 팔라마노이며, "이름 없는 순례자"는 이 기도를 실행하여 큰 평안을 얻었다.

이 기도는 "주여, 나를 불쌍히 여기소서"(눅18:13) 한 세리의 기도를 발전시킨 것이다. 그 방법은 나이스 포루스가 제시하였다.

① 가슴 위에 턱을 쉬게 하고, 눈은 배꼽(마음, 하나님의 자리)을 본다.

② 평안히 앉아서 호흡의 리듬을 느리게 조정한다.

③ 내적인 눈은 마음의 자리에 초점을 맞춘다. 하나님을 바라본다.

④ 그리고 숨을 들이쉬면서 "주여", 내쉬면서 "나를 불쌍히 여기소서" 한다.

그런데 이 기도는 중대한 네 가지 의식이 있다. 깊은 신학이 있다.

① 예수 이름 자체에 능력을 인정한다. 그 이름은 기적을 행하고 악귀, 질병을 물리치는 능력이 있다. 그래서 그 이름에 경외를 표하고 헌신한다.

② 참회의식을 가진다. "나를 불쌍히 여기소서. 나는 죄인이로소이다." 죄인임을 자각하면서 깊이 회개한다. 하나님의 불쌍히 여김만 살길임을 고백한다.

③ 거듭되는 반복훈련이다. 계속하면 나중에 습관이 되고, 무의식적으로 하게 된다. 잡념이 사라지고 기쁨, 평안이 생긴다.

④ 내적 침묵의 세계로 들어간다. 계속하다 보면 내적 침묵의

세계로 들어가게 되고, 그 내적 침묵을 통하여 우리의 마음의 가장 깊은 곳에 들어가, 그 곳에 계시는 하나님을 만난다. 그리하여 헤지키아를 얻는다.

이 기도는 "필로칼리아"(Philokalia)로 정리되어 서방세계로 전해졌다. 이러한 단순한 성경적인 기도의 반복은 우리를 깊은 기도의 세계로 인도하여 하나님을 만나게 하고, 그 결과 큰 평안을 얻게 한다.」(전용복, 앞의 책, pp. 142.143).

내적 침묵의 세계, 그 안에 있는 마음의 가장 깊은 곳에서 하나님을 만나 평강을 누리게 됨은 성령으로 되는 일이며 큰 은혜이다.

그런데 예수기도의 결과로 되어 진 이런 현상은 한편으로 최면적이다. **거듭되는 반복으로** 나중에 습관이 되고, 잡념이 사라지고, 집중하게 될 때 무의식적이 된다. 깊은 최면상태가 된다. 최면적인 황홀감이 생긴다. 하나님과의 만남도 그렇게 하면 만난다는 암시를 받아들인 결과 그렇게 인식되는 면이 있다. 물론 그것은 의도적으로 한 것은 아니나 최면유도의 절묘한 방법이 사용된 것이다. 그들은 최면에 대해서 잘 모르면서(아주 잘 알았는지도 모른다), 결과가 그래도 절대 최면적이 아리라고 부인할 것이면서, 예수기도의 네 가지 의식 3, 4에서 바로 최면임을 서술하였다.

내적침묵의 세계, 마음의 가장 깊은 곳에 들어가는 길은 여러 가지다. 그중에 깊은 영적기도를 통하여 직통으로 가는 길과 최면적인 방법을 쓰는 것이 있다. 그런데 그 세계에서 체험하는 영적인 것은 최면과 만날 때 크게 상승작용을 한다. 물론 그때 그 내용이 이 예수기도에서와 같이 아주 긍정적, 성경적으로 사용되어야 할 것이다.

그런데 예수기도와 같은 단순한 것의 반복은 자칫 잘못하면 처음과는 달리 그 의미를 깊이 생각지 않고 그저 습관적으로 하기 쉽고, 만일 그렇게 되면 최면적인 효과만 있을 것이니 매우 주의해야 한다. 참으로 불쌍히 여겨 달라는 간절한 열망을 항상 끝까지 붙들어야 한다.

그런데 **단순한 암시를 악한 의도로 반복적으로 사용할 때 무서운 결과가 온다.** 그 결과는 성도들을 맹신적 미신자로 만들기도 하고 이단이 되게도 한다.

예컨대 할렐루야 기도원의(생수)는 그냥 물에 불과하다. 그러니 그 물에 신비한 능력이 들어있다는 암시를 영적 카리스마를 통해 계속하여 반복적으로 심어줄 때 자기 최면에 빠져 일시적인 황홀감과 병세가 호전되는 것 같은 느낌을 받게 된다. 그 사람이 또 다른 사람에게 간증의 형식을 통해 암시되고 암시되어 집단 최면과 같은 현상이 일어나게 되는 것이다. 그래서 건전한 신앙을 가졌다는 개혁주의 교단 교회 안의 권사, 집사들까지도 할렐루야 생수를 가져다가 먹고 바르고 하는 일들이 비일비재하게 일어나고 있는 것이다.

또 성도들을 미혹하고 있는 이단인 안상홍 증인회에 속한 자들은 안상홍이 하나님이요, 참 재림주요, 성령 하나님으로 굳게 믿고 있다. 이러한 일이 가능한 것이 신기하기만 하다. 그러나 계속되는 암시로 최면에까지 이르게 되면 비진리를 진리로, 진리를 비진리로 인식하게 하는 것이 어렵지 않은 일이다.

그들의 기도문 중 '십사만 사천의 원하는 기도'라는 것을 보면 "하늘에 계신 아버지 안상홍 님, 아버지께서 강림하실 날은 임박하였사오나 우리들은 아무 준비도 없사오니, 아버지여! 우리를 불쌍히 여기시고 아버지의 성령으로 말미암아 우리를 거듭나게 하사, 아버지 강림하실 날에 부족함이 없이 영접하게 하여 주옵소서. 아버지 안상홍 님의 이름으로 간구하옵나이다"라고 되어 있다.

계속해서 반복적으로 암시를 주어 최면에 걸리게 하며 한 인간을 하나님으로 둔갑시키는 일이야 말로 마귀의 역사인 것이다. 특히 이러한 최면을 통해 일시적으로 일어나는 신비한 경험을 하게 되면 다시는 헤어나지 못할 정도로 깊이 빠져버리게 되는 것이다(바른신앙, 8호, pp. 194~195).」

 최면술의 실체와 그 종교적 이용　기독교를 중심으로

(8) 관상(觀相)기도((Contimplaion)

「관상기도는 주님과의 일치를 이루는 상태로 이끌어주는 일련
의 경험, 주님이 그 안에서 무엇이든지 할 수 있는 세계, 성령이
우리 안에서 기도하시고 우리는 그 기도에 동의하는 것, 성령이
참 자아인 우리의 내면에서 우리의 양심에 말씀하는 것, 그리스
도와의 대화를 넘어서 그분과의 통공으로 나가는 움직임, 우리가
주님의 언어인 침묵에 습관들이는 것, 우리의 마음과 가슴을 주
님께 들어 올리는 것, 이것은 거짓 자아로부터 이탈, 자기부정이
다. 예수님의 신성이 우리를 감싸고 성령으로 말씀하는 것이다.」
(전용복, 앞의 책, p. 190).

토마스 머턴(Thomas Merton)은 이에 대해 한마디로 말했다.
"관상은 사랑의 완성 이상의 그 무엇도 아니다." 또 다른 사람들
이 정의하는 것처럼 관상은 애정 어린 관심이 깃든 기도, 애정 어
린 집중기도, 집중의 기술, 그리고 하나님과 그의 세계에 대한 애
정 어린 집중을 말한다. 짐 보스트는 "관상이란 사랑 안에서 성장
함에 대한 것이다. 만약 관상 사역을 진지하게 여긴다면 우리는
하나님의 사랑이라는 주제를 벗어날 수 없을 것이다. 그 사랑은
우리를 비롯한 모든 사람, 모든 피조물을 향한 고갈되지 않는 하
나님의 사랑이다. 관상이란 당신 존재의 깊은 곳에서 하나님을
완전히 알고 사랑하는 것이다"라고 하였다.

관상기도는 천주교에서 가장 강조하는 기도다. 일반 명상의 붐에 따라 묵상이 강조되고 한 걸음 더 나아가 관상의 바람이 강하게 불고 있다. 천주교에서는 온 세계적으로 관상기도운동을 펼치고 있다. 그리고 그것에 뒤따라 개신교에서도 관상기도에 대한 관심이 높아가고 있다.

그런데 관상기도도 다른 문제와 마찬가지로 그 계통이 여러 가지다. 그 중에 건전한 성경적 방법으로 하는 계통이 있는가 하면 불건전한 방법으로 나가는 계통도 있다. 우리는 성경주의적, 개혁주의적 입장에서 잘 분별해야 될 줄 안다.

우리는 의식적으로 관상기도를 추구할 수 있다. 하나님에 대한 분명한 의도를 가지고, 다시 말하면 하나님에 대한 분명한 지향을 가지고 기도하는 것이다. 오직 하나님만 바라보고 마음에 모시기를 소원하고 하나님의 사랑에 잠기기를 원하며 나가는 것이다.

그러기 위하여 여러 가지 방법을 사용할 수 있다. 관상기도에서 방법은 별로 중요하지 않지만 앞서간 영성가들의 방법을 따라 할 때 많은 도움이 된다.

그런데 우리가 고요한 중에서 침묵으로 나가며 계속적인 과도한 집중을 할 때 자연히 어느 정도의 최면상태가 된다. 그러나 그것을 걱정할 필요는 없다. 그러한 상태는 안정된 가운데서 더 깊이 들어가게 하여 은혜가 되는데 긍정적으로 작용한다.

그런데 한 편으로 많은 사람들이 내면의식, 즉 잠재의식으로 나아가 기도하기를 추구한다. 그것은 최면상태에서의 기도다. 거

 기독교를 중심으로

기서 하나님을 갈망하고 하나님과 함께 하기를 원하는 관상기도를 추구한다.

엄무광 씨는 "관상기도의 이해와 실제"에서 다음과 같이 말한다(p. 20).

「관상(Contimplaion)은 '순수한 믿음과 사랑으로 하나님을 아는 것'이라고 표현할 수 있습니다. 실제로 6세기 말의 성 그레고리오는 이것을 정리하여 '사랑으로 충만된 하나님에 대한 지식'이라고 설명했습니다. 또 관상은 하나님께서 주신 선물로서 하나님 말씀에 대한 묵상의 열매이며 우리는 묵상 끝에 '하나님 안에 쉼'의 상태로 들어간다고 했습니다. 이것이 관상기도에 대한 고전적인 의미이고 지금까지 대부분의 관상가들이 이해하는 관상기도입니다. 관상은 우리의 지식과 이성, 상상과 감각, 지각과 기타 인간의 모든 정신적 기능(mental faculty)들을 넘어서 우리 영의 가장 깊은 곳(inmost being)안에서 하나님 안에 쉬며 하나님을 만나고 하나님을 알게 되며, 또한 하나님과 일치를 이루는 것을 뜻합니다. 즉 순수한 사랑과 순수한 믿음으로 우리의 정신 활동과 의식이 미치지 못하는 곳(즉, 영의 심층)에서 우리의 전인격(마음과 가슴과 영혼; mind, heart, soul)으로 하나님과 사랑을 속삭이며 하나님을 알게 되는 것입니다.」

에바그리우스 교부는 "기도는 생각을 떠나는 것이다"라고 했습니다. 이러한 침묵이라는 말은 그저 말을 하지 않는 것을 뜻하는 것이 아니라, 우리 내면에서 일어나는 모든 정신활동에서 떠나 우리의 지력과 상상과 감각과 언어를 초월한 경지 즉 인간의 정신적 활동이 정지된 상태의 침묵을 말하며, 이 침묵 속에서 우리는 하나님의 말씀을 듣고 하나님을 만난다는 뜻입니다.

그러므로 관상기도를 한다는 것은, 하나님을 만나고 일치하기 위하여 '무지의 구름' 속으로 들어가고 '어두운 밤'으로 들어가며 '침묵' 안으로 들어간다는 말과도 같습니다. 즉 관상기도는 인간의 정신능력을 초월하는 우리 인간 영혼의 가장 깊은 곳에서 이루어지는 기도이며 언어로는 도저히 표현되지 않는 기도입니다.

그러므로 옛 전통에 따르면 관상기도를 무형(無形, Apophatic)의 기도라고 하며, 이 무형의 기도로 얻어지는 하나님에 대한 지식을 바오로 사도는 영으로 아는 지식(Gnosis), 마이스터 에크하르트(Meister Echart)는 무지의 지식(Unknowing Knowing)이라고 불렀습니다.

토마스 키팅은 관상기도를 "우리의 마음과 가슴(즉 우리의 전 존재)을 우리의 사고와 언어와 정서를 넘어서(즉 전인적 기능을 초월하여) 하나님께 열어드리는 것이다"라고 하며, 또 관상기도는 "내적으로 변형(interior transformation)해가는 과정이며, 만일 우리가 동의하기만 하면 하나님께서 시작하셔서 거룩한 일치로 이끄시는 관계다"라고 말합니다.

이러한 말에서 "모든 정신적 기능들을 넘어서 우리 영의 가장 깊은 곳 안", "우리의 정신활동에서 떠나 우리의 지력과 상상과 감각과 언어를 초월한 경지, 즉 인간의 정신적 활동이 정지된 상태", "인간의 정신력을 초월하는 우리 인간 영혼의 가장 깊은 곳", "우리의 사고와 언어와 정서를 넘어서(있는 부분)"등의 말은 우리의 내면의식, 즉 잠재의식의 세계를 말한다. 이러한 세계에서 하나님과의 연합, 일치를 추구함은 **최면상태에서 하나님을 찾는 것이다.**

관상기도에서 향심기도라는 것이 있다. 이것은 주로 로마 카톨릭에서 즐겨 사용한다. 그것은 기도자의 직관력을 세련시켜 관상기도로 쉽게 들어가게 하는 방법이다.

「향심기도는 1975년에 미국의 트라피스트 수도원 원장 토마스 키팅이 주도하고 바실 페닝톤과 윌리엄 메닝거가 협동하여 창안한 기도이다. 영적으로 목말라 하는 사람들을 위하여 무지의 구름의 방법을 현대화하고, 십자가의 요한의 가르침을 도입하여 체계적으로 발전시킨 것이다.

그리고 이것은 현대 과학 특히 심리학의 도움을 받고, 동양 명상의 긍정적인 면의 도입을 시도하여 현대인이 수련하기 좋도록 하였다. 향심기도는 관상을 방해하는 요소를 제거하여 관상할 수 있도록 준비시켜 주는 기도이다. 이 기도는 주의 집중이나 노력으로 하는 기도가 아니라 아주 수용적인 기도이다. 하나님께서 주시는 은총과 선물을 받아들이는 기도이다.」

그것은 우리의 정신집중이 우리의 일상적인 사고의 흐름으로부터 빠져나오도록 한다. 그리하여 우리의 내적 의식의 흐름으로 들어가 거기 계시는 하나님을 만나게 한다.

「우리는 모든 생각을 심지어 아주 신앙심 깊은 생각까지도 의식의 강에 떠내려 보내고 강 자체(내면의식)에 주의를 집중해야 한다. 이렇게 하기 위해서는 편한 자세로 눈을 감고 하나님을 향하여 마음을 열어야 한다. 거룩한 단어(한 두 음절)를 정하고 기도 중 무슨 생각이 일어날 때마다 그 단어를 가볍게 의식 속에 떠올린다. 이것은 마음을 주님께로 향하는 것이 그 목적이다. 딴 생각이 일 때마다 그 단어를 떠올리라. 이것은 그 단어를 넘어서 그 단어가 가리키는 분, 궁극적 신비, 주님의 현존과 일치하기 위한 방법이다. 이렇게 함으로 우리는 우리 자신을 주님께 맡긴다. 대부분의 사람들은 20, 30분이면 여러 가지 잡념을 넘어서 내적 고요를 이룬다.

향심기도의 방법은 관상으로 가는데 방해가 되는 것을 줄이는 방법이며, 인간의 기능들을 이 은총에 협조하도록 준비시키는 방법이다. 향심기도의 방법은 우리의 일상적 사고의 흐름을 꺼버리려고 만들어진 것이다. 향심기도는 우리의 주의를 일반적인 것에서 특수한 것으로, 구체적 형상에서 무형의 것으로 옮겨주는 방법이다.

우리는 평안히 앉아서 깊이 들어가면 사고는 물론이고 거룩한 단어도 사라지는 곳에 도달한다. 의식이 정지된 것 같다. 시간 밖에 있는 경험을 한다. 시간은 눈 깜짝할 사이에 지나간다. 내적 침묵은 사고, 상상, 정서의 저편의 일이다. 이러한 인식은 우리의 존재의 핵심은 내적이고 우리가 주님의 사랑, 생명을 받고 있는 사실을 알게 한다.」

이것은 불교의 명상수련의 방법, 최면유도의 방법을 최대한 연구하여 기독교의 기도, 특히 하나님을 찾는 기도에 절묘하게 적용한 것이다. 이러한 사실은 향심기도에서 아주 적극적이며, 나아가서 관상기도 전체에 적용되고 있다. 이렇게 할 때 **상당한 최면상태가 되는 것은 말할 것도 없다.** 모든 잡념이 사라지고 하나님의 임재를 강하게 느끼고 황홀감을 맛볼 것이다.

그런데 그것이 최면적이라 하여 성령으로 오는 영적인 요소가 없다는 말이 아니다. 그것이 그러할지라도 하나님과의 만남을 강하게 열망한 아주 좋은 시도이므로 성령은 강하게 역사할 것이고 하나님과의 연합, 일치가 이루어져 큰 평강이 있을 것이다. 나는 단지 그것의 최면적 사용, 요소에 대하여 말할 뿐이다. 영적인 것이 최면적 요소와 함께 할 때, 그 효과는 상승작용을 일으켜 몇 배로 증가한다.

그러나 그것이 만일 습관적이 되고 타성에 젖어 하나님과의 만남에 대한 열망이 없이 한다면 성령의 역사는 없을 것이고 그저 최면적인 효과만 있을 것이다.

그런데 향심기도의 시도에 대하여 말하면서 "현대과학 특히 심리학의 도움을 받고, 동양 명상의 긍정적인 면의 도입을 시도"한 것이라고 하였다. 여기서 그들은 동양 명상은 분명히 밝혔으나 최면술은 밝히지 않았다. 최면술을 심리학이라고 표현하였다(최면술은 심리학의 한 분야이다). 그렇게 한 것은 최면술에 대한 부정적인 인식 때문이라고 본다. 그러나 그 설명을 자세히 읽어 보면 그 방법이 너무도 최면술적임을 알게 된다.

내면의식, 즉 잠재의식의 세계에 대한 연구는 현대심리학의 가장 큰 관심사가 되었다. 그 세계는 우리가 잘 모르는 것으로 무궁무진하다. 그것은 우리의 마음, 영혼의 깊은 세계이며, 영적 역사가 이루어지는 세계이다. 향심기도는 그것을 알고 접근하여 하나님께 나아가는 시도를 하였다고 본다.

마지막 말

최면술의 종교적 이용에 대하여 여러 가지로 말하였다. 그리고 특히 기독교에서 사랑받는 최면술에 대하여 논하였다. 이제 그 마지막을 '최면술과 오컬트'란 주제로 말하고자 한다(이 글은 본인이 고신 '유사종교연구' 3집에 게재한 것을 보완한 것이다).

1. 오컬트란 어떤 것인가?

"오컬트"(Occult)란 말은 "신비로운, 초자연적인, 불가사의한, 마술적"인 등의 뜻을 지닌 말이다. 그것은 인간의 정상적인 능력의 한계를 초월하는 어떤 신비롭고도 초자연적인 힘이나 현상을 가리키는데 사용된다. 「오컬트」란 책의 저자 죠쉬 맥도웰과 돈 스튜어트는 오컬트를 종교적 성격을 띠나 종교로서의 조직적인 형태를 갖추지 못한 것이라고 정의하고, 점성술, 블랙-매스, 어드거 케이스와 A.R.E, 귀신들, 제인 딕슨, 다우징, 불위로 걷기, 점, 유령, 최면술, 미신, 마법 등을 들었다.

오컬트라는 말은 '오컬투스(Occultus)라는 라틴어에서 온 말로서 "감추어지고, 비밀스럽고, 신비스러운" 것들을 가리키는 말이다.

① 오컬트는 비밀스러운 것들, 혹은 감추어진 것들과 관계가 있다.

② 오컬트는 인간의 오감(五感)을 초월하는 인간의 능력들과 관계가 있는 것처럼 보이는 현상들이나 사건들과 관계가 있다.

③ 오컬트는 초자연적인 것들과 천사들의 능력이나 또는 귀신들의 능력과 관계가 있다(이상 오컬트, pp. 6~10).

2. 오컬트적 최면술

최면술은 원시시대부터 종교와 깊이 권련되었으며, 특히 병을 치료하는데 있어서 최면술의 치료는 신적 능력처럼 나타났다. 그러한 현상은 과학시대이나 신비한 것을 찾는 현대에 있어서 더욱 극심하다. 현재 한국 교회의 여러 가지 현상들 속에서 우리는 그러한 모습들을 발견할 수 있다. 그런데 그것은 거의 다 부정적이고 대단히 잘못된 것들이다. 때로 최면술로 어떤 병을 치료한다 할지라도, 그것을 성령의 역사로 가장한다면 그것은 성령모독이며 사기일 수 밖에 없다.

위에서 최면술을 오컬트 중 하나로 꼽았다. 그러나 최면술은 일반적인 것과 종교적인 것이 있다. 후자는 종교적으로 위장하여 사용하는 경우다(그것은 대부분 악용되고 부정적으로 작용한다. 그러나 어떤 경우에 부분적으로 긍정적으로 작용하는 경우도 있다고 본다) 나는 여기서 후자를 오컬트적 최면술이라고 정의하면서 말하고자 한다.

우리는 오컬트적 최면술에 대하여 명확하게 지적하기는 어렵다. 그러나 우리는 성경에 근거하여 그러한 사실들을 지적할 수 있다.

여기 말하는 것은 대부분 악용되는 경우다.

① **귀신 쫓아내기**: 한국 교회에는 엉터리 귀신론을 주장하는 귀신파가 있다. 그들은 불신 자의 죽은 영혼이 귀신이 되며 그 귀신이 모든 질병을 일으킨다고 주장한다. 그리고 그들은 그 귀신을 쫓아내면 모든 병이 즉시로 낫는다고 한다. 그런데 그들은 소위 귀신들렸다는 사람들을 마주 바라보게 하고 이상한 몸짓과 말로 정신을 오락가락하게 만들어 넘어지게 한다. 그리고 한참 후에 깨어나게 하여 "이제 당신은 귀신이 나가고 병이 나았다"고 선언한다. 그러면 순진한 성도들은 정말 귀신이 나갔기에 병이 나았다고 생각한다. 이러한 비성경적인 방법은 분명히 최면술을 사용하는 것으로 생각된다 (전용복, 귀신의 정체를 밝힌다, pp. 5,6).

② **비성경적인 신비한 체험**: 장로교 합동 측의 H목사는 전국으로 다니는 부흥사였다. 그는 교인들을 일렬로 세워 놓고

넘어지게도, 일어나게도 하며, 심지어는 산 위에 사람들을 산 아래에서 마음대로 넘어지게도 했다. 또 눈을 감고 무아지경에 빠지게 해서 에덴동산의 생수를 마시며 과일을 따먹는 흉내를 내게 하기도 했다. 그래서 많은 어리석은 신자들이 자기가 무슨 큰 은혜를 체험한 것으로 생각했다. 그런데 이런 종류의 일들은 성령의 역사가 아니라 최면술로 사람들을 농락한 것이다.

③ **비성경적 질병치유:** 많은 사람들은 성경의 원리와 방법을 무시하고 질병을 치유하는 소위 신유의 능력을 행사한다. 예를 들어 "여러분, 하나님은 전능하십니다. 이 시간 하나님께서 여러분의 모든 질병을 다 고쳐 주실 줄로 믿으시기 바랍니다"라고 말한 후 열렬히 기도한다. 그리고 심한 경우에는 즉시로 간증을 하라고 요구한다. 또 어떤 경우에는 좀 여유를 두어 "여러분이 나은 줄로 믿으면 집에 가다가도, 한 달 후에라도 나을 것입니다"라고 말한다.

④ **탈혼, 성흔:** 독일의 기적을 행하는 처녀인 테베즈 노이만은 정상적인 시골 처녀이고 아주 자연스러운 태도로 평범하게 말하고 행동하는 자였다. 그런데 가끔 그녀는 탈혼 상태에 빠졌다. 그리고 예수 십자가 환상을 보고 예수의 고난의 고통을 느낀다고 하면서 피눈물을 흘리며 두 손과 발에서 피가 흘렀다. 그리고 루이즈 라또라는 사람은 열렬한 카톨릭 신자로서 몸에 그리스도의 유명한 성흔이 있었다. 그 여자

는 그리스도의 상처에 해당하는 부분들에 정신집중을 시킴으로써 몸의 여러 곳에서 피를 흘릴 수가 있었다. 이런 사실들에 대하여 벨기에의 한림원에서 조사한 결론은 "성흔과 탈혼 상태는 사실이다. 그리고 생리학적으로도 설명이 될 수가 있다"는 것이었다. 그러한 현상은 치밀한 정신집중과 정신의 고취로 인해 생기는 자기최면 과정에서 일어날 수 있는 현상이다. 많은 최면술사들이 실험의 대상으로 삼았던 피술자들에게서 그와 비슷한 종류의 결과를 여러 번 일으킨 바 있다(최면과학의 신비, pp. 154~155).

⑤ **잠재의식상태로 들어가 영적인 것 추구;** 잠재의식상태는 최면상태다. 근래에 와서 잠재의식상태서 영적인 것을 추구하는 시도가 일어나고 있다. 그 대표적인 것으로 관상기도(향심기도)가 있다. 거기서 의식, 지각을 초월한 상태는 바로 잠재의식상태다. 관상기도는 그 상태에서 하나님과의 만남을 강하게 열망한다. 그러한 열망에 성령이 부응하여 하나님과의 만남의 역사가 일어난다. 하나님의 임재에 대한 강한 확신이 생긴다. 그런데 잠재의식(최면)상태에서는 그러한 현상이 더욱 강화된다. 서로 상승작용을 일으켜 더욱 더 풍성해진다.

3. 오컬트적 최면술에 대한 기독교적 비판

최면술이 불행한 결과를 남긴 경우들이 많기 때문에 우리는 오컬트적 최면술이든, 또는 오락을 위한 최면술이든 간에 모든 종류의 최면술을 가까이 하지 않는 것이 좋다, 인간의 정신이란 안좋은 의도의 최면술의 대상이 될 수도 없으며, 그런 최면술사가 자기 마음대로 조정해서는 안 되는 고귀한 것이다. 최면술은 기껏해야 의학에서 사용되는 것처럼 제한된 유용성을 가질 뿐, 유용성보다 더 많은 해악을 가져다 준다(오컬트, p. 110). 최면술이 종교적으로 쓰일 경우 부분적으로 긍정적이고 대부분 큰 해악을 끼친다.

우리는 성경 어디에서도 초대교회 사도들, 또는 선지자들이 최면술 같은 술수를 사용한 기록을 볼 수 없다. 오히려 사술을 부리는 자를 베드로와 바울은 엄히 꾸짖고 책망하였다.

그런데 **성령과 최면술의 차이점**은 다음의 몇 가지로 요약할 수 있다.

① **성령의 은사는 목사가 마음대로 주고 거둘 수 없다.** 사실상 누구에게 임할지도 모른다. 그렇지만 최면술은 시술자의 마음대로 상대방을 움직일 수 있다.

② **성령의 은사는 기도하는 자에게 개인적으로 임한다.** 누구든지 나가서 줄만 서면 믿음이야 있든 없든 무더기로 받는 것

이 아니다.

③ **성령의 은사는 회개하고 십자가를 의지하는 자에게 임한다.**
호기심에서 줄을 선사람들에게가 아니라 정말 깊이 회개하
고 주님의 십자가를 강하게 붙드는 자에게 임한다.

④ **성령의 은사는 개인적인 분명한 자각을 느끼게 한다.** 최면
은 시술자가 최면을 약하게 걸면 희미한 자각을 느끼며, 강
하게 걸면 전혀 자각이 없다. 그러다가 깨어나면 자기가 도
대체 무엇을 했는지 모르는 이상한 기분에 사로잡힌다. 그
러나 성령의 은사는 분명한 자각과 잊지 못할 강한 기억으
로 오래 오래 남는 경험으로 간증도 할 수 있다(귀신의 정체
를 밝힌다, pp. 6,7).

주님의 이름으로 귀신을 쫓아내야지 요술, 사술, 최면술로는
될 수 없다(간혹 되는 것 같아도 일시적인 현상일 뿐이다). 오직
주님의 이름으로 기도할 때만 그것은 가능하다.

최면술적인 신비한 체험들은 그 나름대로의 쾌감이 있을지라
도 우리의 믿음이 성경적인 데서 떠나게 하며 많은 영적 망상에
사로잡히게 한다.

최면술적인 암시의 방법으로 질병치유를 선언함으로 병이 낫는
일이 있다 할지라도 그것은 주님이 원하는 성경적 믿음의 방법이
아니며, 장차 주님이 "나는 너를 모른다" 고 할 일이 될 것이다.

탈혼과 성혼 같은 일은 무슨 유익이 있을까? 그것은 사람들의

호기심만 자극시키며 자신을 교만에 빠뜨리는 위험이 있다. 우리는 분명한 자각 속에서 주님의 십자가 은혜를 생각하므로 보다 깊은 은혜의 세계에 들어갈 수 있으며 주님을 만날 수 있다.

결론

우리의 신앙생활의 원리와 표준은 성경이다. 우리는 성경대로 믿고 나가야 한다. 성경이 가는 데까지 가고 성경이 멈추는 곳에서 멈추는 것이 개혁주의의 원리다.

물론 최면술이 건전하게 사용되는 방면이 있다. 최근에 그 건전한 방면에 대한 연구가 활발하다. 의학, 종교 방면에서 그러하다. 우리는 그것을 연구하여 그 유익을 놓치지 말아야 할 것이다.

그러나 성경은 불건전하게 사용되는 최면술을 용납하지 않으며 배격한다. 우리는 최면술을 사용하여 눈에 보이는 어떤 효과를 쉽게 거둔다 할지라도 그러한 유혹에 빠져서는 안 된다. 그러한 유혹은 마귀가 사용하는 것이며, 그 유혹에 넘어간 결과는 많은 사람들을 성경에서, 성령으로부터 떠나게 하는 것이다. 우리는 기도와 설교, 병 고침 등 모든 것을 성경이 가르쳐 주는 대로 해야 한다. 우리는 최면술의 모든 유혹을 물리치고 우리 교회에서 그러한 술수가 전혀 발붙이지 못하도록 할 책임이 있다.

전용복 지음

초판 1쇄 인쇄	2009년 6월 25일
초판 1쇄 발행	2008년 6월 30일
발행처	도서출판 세줄(등록번호 2-4000)
	서울시 중구 인현동 1가 111-6
	☎ 02)2265-3749
총 판	선교횃불 ☎ 02)2203-2739
	FAX. 2203-2738

저자 연락처　　　055)972-3012, 010-5177-1944

값 10.000 원
ISBN 978-89-92211-21-5　　03230